AF461977

A PROPOS

DE LA

SÉPARATION

DES

ÉGLISES & DE L'ÉTAT

PAR

Paul SABATIER

I. — Origines de la crise

II. — Situation actuelle de l'Église romaine en France

III. — Conséquences de la dénonciation du Concordat

TROISIÈME ÉDITION

Complètement revue et très augmentée

PARIS

LIBRAIRIE FISCHBACHER

Société anonyme

33, rue de Seine, 33

1906

Tous droits réservés.

N° 387

A PROPOS
DE LA
SÉPARATION DES ÉGLISES
ET
DE L'ÉTAT

8° Ld 4
9679
B

OUVRAGES DU MÊME AUTEUR

LIBRAIRIE FISCHBACHER

33, RUE DE SEINE, PARIS

Vie de S. François d'Assise, par Paul Sabatier, 33e édition, in-8o de CXXVI et 420 pages. 7 50

Floretum S. Francisci Assisiensis, liber aureus qui Italice dicitur i Fioretti di san Francesco, edidit Paul Sabatier, in-8o de XVI et 250 pages, 2e édition. . 3 50

Un nouveau chapitre de la vie de S. François (L'INDULGENCE DE LA PORTIONCULE). Brochure in-8o de 24 pages. . Epuisé

Dissertazione su Rivo Torto e sull' ospedale dei lebbrosi di Assisi spesse volte ricordato nella vita di S. Francesco. Brochure in-4o de 24 pages. . . . Epuisé

★

COLLECTION

d'études et de documents sur l'histoire religieuse et littéraire du Moyen âge

Chaque volume se vend séparément. Les personnes qui désirent les recevoir au fur et à mesure peuvent s'inscrire à la Librairie Fischbacher qui les leur expédiera directement sans augmentation de prix.

EN VENTE

TOME I : **Speculum perfectionis seu sancti Francisci Assisiensis legenda antiquissima, auctore fratre Leone.** Nunc primum edidit Paul Sabatier. In-8o de CCXIV et 376 pages . . . . 12 »

TOME II : **Fratris Francisci Bartholi de Assisio tractatus de indulgentia S. Mariæ de Portiuncula.** Nunc primum integre edidit Paul Sabatier, in-8o de CLXXIV, X et 204 pages . . . . 12 »

TOME III : **Frère Elie de Cortone.** Etude biographique par le Dr Ed. Lempp, in-8o et 220 pages. 7 50

TOME IV : **Actus S. Francisci et sociorum ejus** edidit Paul Sabatier, in-8o de LXIV et 272 pages . . . . . 10 »

TOME V : **S. Antonii de Padua vitæ duæ quarum altera hucusque inedita.** Edidit, notis et commentario illustravit Léon de Kerval, in-8o de XIV et 314 pages . . . . 10 »

DIJON, IMPRIMERIE DARANTIERE.

S 5958

A PROPOS

DE LA

SÉPARATION

DES

ÉGLISES & DE L'ÉTAT

PAR

Paul SABATIER

I. — Origines de la crise

II. — Situation actuelle de l'Église romaine en France

III. — Conséquences de la dénonciation du Concordat

TROISIÈME ÉDITION

Complètement revue et très augmentée

PARIS

LIBRAIRIE FISCHBACHER

Société anonyme

33, rue de Seine, 33

1906

Tous droits réservés.

R.F.
IMPRIMÉS

La vérité sans la recherche de la vérité n'est que la moitié de la vérité.

A. VINET.

PRÉFACE

DE LA SECONDE ÉDITION (1)

D'où vient que la première édition d'un livre aussi modeste que celui-ci ait été si ra-

(1) Les changements apportés à la seconde édition ne modifient guère l'aspect de ce travail ; j'ai çà et là ajouté quelques notes (Les principales sont : p. 25, n. 1, un spécimen de réclame assomptionniste intitulé *Réveil;* p. 30, n. 1, quelques indications sur la création récente de l'Affiche-journal par la *Bonne Presse* ; p. 90, n. 2, le texte de la rétractation de M. Sertillanges, prof. à l'Institut catholique ; p. 99 ss., un copieux extrait d'un article du Dr Marcel Rifaux ; p. 108, n. 1, des indications pratiques sur les *Libres entretiens ;* p. 110, n. 2, une série de pensées empruntées à M. Gabriel Séailles).

La préface est entièrement nouvelle, ainsi que l'appendice documentaire. Pour avoir une idée de ce que contient celui-ci, on n'a qu'un coup d'œil à jeter sur la Table des matières. Je me permets d'appeler

pidement épuisée ? Il ne présente aucune utilité pratique pour l'interprétation de la nouvelle loi, et ne constitue pas non plus le manifeste d'un parti pour ou contre la séparation.

Au moment où parurent les premiers exemplaires, il sembla à plusieurs fort bons juges qu'il manquait de l'élément essentiel du succès.

« La droite, me disait-on, sera furieuse des dures vérités que vous lui prodiguez dans les deux premières parties ; et la gauche, après avoir applaudi ces premières pages, sera furieuse à son tour, en lisant les dernières. »

L'événement a donné tort à ces pessimistes ; et j'en suis plus heureux que je ne saurais le dire, moins à cause de ces pauvres pages qu'à cause de l'indication très nette que cela nous fournit sur l'orientation des esprits dans notre pays.

Il y a, à droite, des catholiques et des prê-

sur ces documents toute l'attention des lecteurs. Rien n'est plus salutaire en effet que le contact direct de textes dont on n'a pas isolé quelques phrases pour les besoins d'une cause.

tres, bien plus nombreux qu'on ne pense, assez clairvoyants pour ne pas vouloir que leur Eglise devienne une sorte de refuge, à l'usage exclusif de ceux qui se refusent à vivre de la vie de leur siècle (1).

(1) Voici par exemple un entrefilet du journal de l'abbé Naudet (*Justice Sociale*, 10 mars 1906), montrant combien, dans certains milieux, on est fatigué de l'esclavage que les partis de réaction font peser sur les catholiques français.

Leur proie.

« Comme des chacals qui ont peur que leur proie ne leur échappe, la *Libre Parole* et d'autres journaux de la même faction commencent à dire que si l'assemblée des évêques se prononce pour l'essai de la loi de Séparation, il ne faudra pas leur obéir, et que si le Pape se prononce dans le même sens il ne faudra pas lui obéir davantage parce qu'il aura été influencé.

« A dire vrai, nous n'attendions pas autre chose de la part de ces journaux.

« Hier ils mettaient à la raison les curés, aujourd'hui ils y mettent les évêques, demain ils y mettront le Pape.

« La cause religieuse est un terrain d'exploitation qui leur appartient : les prêtres n'ont rien à y voir!

« Que les catholiques soient exterminés jusqu'au dernier, qu'il n'y ait plus en France une parcelle de

A gauche, une foule d'hommes, parfaitement libérés, mais qui se rappellent d'où ils sont partis, se réjouissent à la vue des efforts de ceux qui se hasardent à faire quelques pas hors des barrières traditionnelles.

« Pourquoi, leur dites-vous, contempler avec tant d'intérêt quelques pas sans but peut-être, et à coup sûr sans résultat? »

« C'est que ces quelques pas, vous répondent-ils, sont un éveil et une promesse, le prélude d'une époque où les forces politiques, intellectuelles et religieuses de notre pays ne pourront même plus comprendre les hostilités du passé et s'achemineront par des voies différentes vers la réalisation d'un seul et même idéal. »

Mais n'y a-t-il pas quelque naïveté à prophé-

religion, peu leur importe, pourvu que jusqu'au dernier moment ils aient espéré édifier leur triomphe personnel sur les ruines qu'ils auront faites !

« Si les autorités n'y mettent ordre et si les catholiques n'ouvrent enfin les yeux, ces gens-là ne mettront pas longtemps à faire du catholicisme un objet d'horreur pour tout le pays. »

tiser ainsi la venue de temps nouveaux? Avons-nous, pour le faire, des raisons qui ne soient pas des raisons sentimentales ?

On va en juger.

La grande majorité des ecclésiastiques et une partie des hommes politiques, se plaçant toujours à un point de vue doctrinal, s'enferment, par là même, dans des forteresses qui peuvent leur paraître inexpugnables, mais qui en réalité ne sont que de vastes tombeaux.

Du haut de leurs glacis et de leurs bastions, ils pourront faire peur aux moineaux, défier leurs adversaires, abrités, eux aussi, dans des redoutes presque pareilles. Mais de tout cela il ne résulte à peu près rien.

Telle forteresse du cléricalisme, la notion de l'Église par exemple, pourrait être conquise par les forces anticléricales, ou réciproquement (1), sans que rien fût changé dans la vie

(1) Ce serait le cas, si la notion d'État remplaçait la notion d'Église et prenait son caractère absolu. Jésus a dit : « Le sabbat est fait pour l'homme, et non l'homme pour le sabbat (Marc II, 27) ». Parole admirable de profondeur et de simplicité qui écarte

du pays : l'inoffensif habitant des plaines serait toujours protégé bon gré mal gré.

On a parlé de doctrines de haine : mais où a-t-on jamais vu des doctrines qui ne soient pas des doctrines de haine ?

La notion même de révélation qui est officiellement celle de la droite, et la notion absolutiste de science qu'ont beaucoup de gens de de la gauche, constituent fatalement une atmosphère d'inintelligence, d'infaillibilisme et de haine.

Mais cette attitude doctrinale, qui est celle de la plupart de nos contemporains, sera-t-elle toujours la même ?

Qui oserait le prétendre, parmi ceux qui voient que la philosophie de l'évolution est en train de pénétrer et de transformer toutes les sciences autour de nous ?

Et puisque nous nous occupons surtout ici des faits religieux, je puis constater qu'en moins d'un demi-siècle elle a transformé la

aussi bien l'idée pharisaïque du sabbat que l'idée scolastique de l'Eglise ou la notion absolutiste de l'Etat.

théologie. Des professeurs d'une orthodoxie immaculée font des livres fort savants et, qui plus est, intéressants, sur l'histoire des dogmes (1), ils en suivent l'évolution avec la même maestria qu'un naturaliste nous décrivant l'évolution des espèces.

Or, comment veut-on que cette nouvelle conception, à travers laquelle nous considérons tout, puisse être écartée devant certains phénomènes ou certaines questions ? Je sais bien qu'on peut prendre et quitter des lunettes presque sans s'en apercevoir, mais si ces lunettes sont à notre vue, et si les essais faits pour nous en passer ont toujours été malheureux, il est fort probable que nous ne songerons même plus à les quitter.

Ce n'est donc pas prophétiser que de parler des changements que la notion d'évolution apportera dans nos mœurs politiques et religieuses.

Or de ce point de vue l'horizon se rassérène.

(1) Voir par exemple J. Tixeront, professeur à l'Université catholique de Lyon, *Histoire des dogmes*, t. I, Théologie anténicéenne, Paris, in-12, 1905.

Les oppositions les plus irréductibles ne nous apparaissent plus que comme les moments divers d'une crise. La philosophie de l'évolution ne nous apporte pas seulement une méthode scientifique, mais aussi une morale scientifique. Morale qui, bien loin de renverser la morale des églises, la pénètre, la vivifie, la coordonne et la complète.

La morale des églises nous prêche l'amour comme une sorte de vertu héroïque et surnaturelle ; dans la morale évolutionniste l'amour de mon prochain n'est plus un devoir résultant de quelque donnée invérifiable, telle que l'unité de la race humaine : j'aime mon prochain, comme le laboureur aime son champ, et aime surtout le lopin qui lui a donné le plus de peine. Aimer les plus déshérités, les plus disgraciés, les plus arriérés, n'est plus rien de difficile, puisque tous leurs défauts, leurs erreurs ou leurs vices ne sont plus qu'un appel à mon activité. La morale évolutionniste est donc une morale de travail et d'effort. Et elle ne nous oblige pas seulement au labeur individuel, mais elle fait de nous les collaborateurs d'une œuvre infinie. Elle coupe court à toute velléité d'orgueil. Le mal que nous apercevons à côté de nous n'est plus le péché des autres : il est notre péché, la preuve irrécusable de notre paresse et de notre lâcheté.

***

Il y a un homme qui naguère vit tout cela, et qui le dit avec une simplicité radieuse ; un homme à la mémoire duquel j'aurais dédié ces pages, si je ne les avais trouvées trop peu dignes de lui, Marc Guyau.

C'est dans son « Irréligion de l'Avenir », — titre sans doute peu exact et malheureux — que la démocratie française ira apprendre que la libération complète des églises n'est pas la négation du sentiment religieux, mais l'avènement d'un sentiment religieux plus pur, plus délicat, plus efficace.

Or, sans le savoir, sans le vouloir, simplement parce que je cherchais à exposer organiquement les faits et à faire œuvre d'historien, je me suis placé au point de vue de l'évolution, qui consiste surtout en une sympathie ardente pour la vie.

On a senti cela, et c'est ainsi, je l'imagine, que j'ai trouvé écho, communion, amitié chez bien des hommes dont, à première vue, du moins, je suis fort éloigné. Pourtant notre rencontre ou nos conversations ne dénotent, ni chez les uns ni chez les autres, aucune trace de scepticisme, d'éclectisme ou de synchrétisme. Elles sont, si j'ose parler ainsi, le résultat de notre bonne santé et la preuve de notre foi.

***

La publication de la première édition a été comme une sorte de coup de sonde dans la pensée catholique contemporaine.

Je ne puis malheureusement pas songer à publier même une faible partie des lettres que j'ai reçues à cette occasion. Il me suffira de dire que la crise catholique dont je parle a une étendue et une intensité dépassant de beaucoup tout ce que j'avais imaginé. Nous verrons plus loin de fort bons juges en ces matières, les PP. Jésuites de Rome, le proclamer ; mais, je désire constater déjà ici le travail profond qui s'accomplit au sein du clergé catholique romain. Assimilation intellectuelle et scientifique, assimilation politique et sociale, il s'essaye à tout avec un entrain et un bonheur dont on ne saurait guère prévoir les résultats.

Parmi les constatations inattendues que j'ai pu faire durant les derniers mois, il en est une que je désire signaler en quelques mots. On est habitué à considérer le personnel catholique des Universités de l'Etat comme une sorte de pépinière de libéralisme religieux, et il est bien sûr que le catholicisme de nos professeurs de Faculté, quand ils sont catholiques pratiquants, est en général passablement différent de celui des *Croix* ; cependant j'ai constaté, non sans quelque surprise, qu'on est, dans ces milieux, bien plus conservateur que dans les Universités catholiques (1). Est-ce

(1) Il va sans dire qu'ici je parle à un point de vue tout à fait général, et je sais bien des Universitaires

parce que dans ces dernières on souffre davantage des méthodes surannées et qu'on se heurte à chaque instant à quelque obstacle dogmatique ? Je ne sais ; mais il me semble bien que le principal effort de rénovation intellectuelle et religieuse partira de ces dernières.

La foi d'autorité a raison quand elle refuse toute concession, si minime soit-elle.

On ne fait pas à la liberté sa part, ni à l'esprit scientifique.

Non seulement l'histoire, mais l'archéologie elle-même, a été transformée par les méthodes issues de la philosophie de l'évolution : tel religieux était parti pour consacrer sa vie à des fouilles, et avec la pensée de faire plus et mieux que la science laïque. Mais voici qu'avec la brise du soir, l'immensité du désert lui a apporté une leçon inattendue. Devant des ruines plus grandioses que celles que pourront laisser derrière elles les basiliques chrétiennes, il a rêvé de civilisations dispa-

de l'État, catholiques décidés, qui sont les chefs du mouvement intellectuel, à commencer par M. Edouard Le Roy et M. Fonsegrive.

rues, il a rêvé de gigantesques cortèges accompagnant quelque victime humaine, venant se faire égorger pour l'honneur de son Dieu; il a rêvé de prêtres trépignant de joie, grisés par ces élans de foi et proclamant que leur culte durerait au siècle des siècles.

Réveillé par la brise du matin, il a repris son labeur avec la pensée que l'humanité, en route depuis si longtemps, sèmera encore bien des ruines sur son passage. L'édifice majestueux d'aujourd'hui, ruine de demain, est une étape que nos descendants auront peut-être l'intelligence de signaler à leurs enfants, avec la piété que les pèlerins de Jérusalem mettent à suivre les stations de la *Via Crucis*.

Le P. Théophile n'a donc point perdu la foi, ou du moins ce qu'il appelle la foi. Il est devenu très vieux. Dans ses beaux yeux limpides il n'y a que de l'amour. Je le vis, il y a quelques années, dans les jardins du Vatican, un jour où avait lieu à Saint-Pierre une grande « funzione ». Tout à coup les trompettes d'argent sonnèrent le *Tu es Petrus*. Les vitres de la coupole tressaillaient; une confuse clameur montait par bouffées de la basilique... le vieillard s'agenouilla dans la poussière, et, lentement, il récita le Te Deum. Les phrases, à mesure qu'elles venaient sur ses lèvres, prenaient une vie que je ne leur connaissais pas; les chœurs des patriarches, des martyrs et des vierges venaient s'unir à lui pour murmurer à Dieu la faiblesse de l'homme et l'éternel cantique du progrès, de l'amour et de la foi...

Que se passa-t-il en lui? Etait-il en extase, ou avait-il conscience de ce qu'il disait et de ce qui se passait en lui? Je ne l'ai jamais su.

In te, Domine, speravi, non confundar in æternum (1)! Il sembla regarder la Ville, cette Rome dont toutes les cloches répondaient maintenant au bourdon de Saint-Pierre. Ce regard était-il une bénédiction... ou bien était-il le contraire? Etait-il le regard du prophète saluant par delà la civilisation actuelle une nouvelle civilisation? « Ne méprisons pas,

(1) En vous, Seigneur, j'ai espéré, je ne serai jamais confus.

me dit-il, la vérité d'hier dans les hommes d'hier; aimons-la, cette vérité d'hier, même dans les hommes d'aujourd'hui, s'ils ne sont pas arrivés à en conquérir une autre; et marchons, avec cette patience et cet amour, vers la vérité de demain. »

Nombreux sont déjà les prêtres de ce genre; rattachés à l'Eglise d'aujourd'hui par l'éducation, la consécration initiale, l'élan juvénile, et qui vivent, par avance, dans celle de demain. Ils accomplissent des rites dans lesquels ils ne voient déjà plus un but, mais un langage très imparfait, parabole et balbutiement de réalités à peine entrevues.

De là l'effroi du cléricalisme intégral. Il est conséquent avec lui-même, et il est clairvoyant, lorsqu'il lutte d'instinct contre tout changement, contre tout progrès.

Dans sa conception, le prêtre pense pour ses paroissiens, l'évêque pour ses prêtres, le pape pour ses évêques, ou plutôt il ne pense pas, il garde le dépôt de la foi. *Ubi solitudinem faciunt, pacem appellant*, disait Tacite ; en parlant d'eux on peut dire : *ubi silentium faciunt, fidei unitatem appellant.*

Mais la victoire que nous avons remportée sur cet esprit est déjà complète. Nous n'avons pas traîné ses représentants en servitude ; nous avons fait mieux : nous les avons amenés à faire effort, à travailler, à se défendre. Tout est gagné, et l'élimination de l'esprit d'autorité est maintenant aussi sûre que l'est, dans le règne de la vie physique, l'atrophie, puis la disparition des organes devenus inutiles.

Dieu est patient, parce qu'il est éternel, dit le vieux proverbe. L'humanité peut avoir la même patience.

Déplorons la folie de la « Bonne Presse » ! mais sachons voir ses résultats généraux et lointains.

Il y a dans nos campagnes des paroisses où jamais un journal ne pénétrait, où l'absence de toute curiosité, de tout éveil de l'esprit, était telle que le paysan détournait la tête, si vous lui montriez une photographie, et refusait obstinément de la regarder en disant :

« Je ne sais pas lire les portraits. » Qu'un journal tant soit peu intelligent s'égare dans ces parages, il n'inspirera pas le moindre intérêt. On ne le comprendrait littéralement pas. Pour faire vibrer l'intelligence d'hommes de ce genre, il faut leur parler du prêtre qu'ils voient le dimanche, de la Madone dont ils connaissent la statue, des miracles dont ils entendirent le récit dans les veillées d'hiver, ou bien de ceux dont ils ont besoin pour guérir leur bétail ou leur famille. Mettez-leur *la Croix* entre les mains, et, peu à peu, ceux qui dans leur jeunesse avaient appris à lire passivement, par ordre, parce que le gouvernement le veut, sans se rendre compte que la lecture est le véhicule le plus efficace de la communion entre les hommes, ces hommes réapprennent à lire, et s'aperçoivent que leur pauvre chaumière a une fenêtre qu'ils n'avaient jamais ouverte.

Les gens de la Croix se proclament victorieux ! C'est nous qui le sommes, et qui le sommes par eux ; car cette fenêtre, qui s'est ouverte, ne se refermera jamais. Durant des jours trop longs pour notre impatience, elle s'ouvrira encore pour des paraboles enfantines et des contes de fées, pour un grossier fétichisme ou même quelque cortège de charlatan ; mais tôt ou tard le moment viendra, si nous faisons notre devoir, où par cette même fenêtre entreront des souffles nouveaux.

Le découragement qui s'empare quelquefois des ouvriers du progrès intellectuel et moral est un reste, chez eux, de la foi d'autorité. S'ils se rendaient parfaitement compte de la lenteur des évolutions de l'humanité, ils n'auraient pas ces heures de défaillance. Ainsi que Jésus, au jour de l'épreuve mystérieuse dans le désert, ils écarteraient le miracle, — la parole magique qui doit transformer les pierres en pain — comme la pire des tentations, et voudraient n'être que des ouvriers laborieux et patients.

« Tout conspire au bien de ceux qui aiment Dieu », a dit saint Paul (Romains, VIII, 28), qui semble avoir senti par moment l'unité mystérieuse des lois de la nature, et vibré au soupir que les créatures gémissent de siècle en siècle ; et on pourrait compléter aujourd'hui la parole de l'Apôtre des Gentils, en disant que tout sert l'effort de ceux qui s'acheminent vers plus de justice et plus de vérité.

***

Enfin il est une autre raison pour laquelle on a fait, je crois, bon accueil à ces pages, c'est que si j'y annonce la transformation du clergé, j'admets pourtant qu'il y aura toujours un clergé.

Mais qu'est-ce donc qu'un clergé? C'est l'ensemble des prêtres. Cependant un clergé composé d'hommes qui seraient prêtres et ne seraient que cela, paraîtrait bien au-dessous de sa tâche.

Le catholicisme lui-même nous a donné du prêtre une notion qui dépasse beaucoup celle de ministre du sacrifice, de préposé aux rites. De nombreux croyants orthodoxes estiment déjà que, bien loin que la messe soit l'acte essentiel de la vie journalière des ecclésiastiques, elle n'en est que la préface. Sur la notion païenne du prêtre, seul capable d'accomplir les rites les plus redoutables, vient donc déjà s'en greffer une autre qui est presque l'antithèse de la première. Elles se trouvent côte à côte dans le pontifical romain et dans la vie de tous nos ecclésiastiques. Elles y cohabitent pour longtemps peut-être encore, mais on peut pourtant dire que l'une gagne chaque jour tout le terrain que l'autre perd (1).

Le jour viendra, peut-être plus vite qu'on ne croit, où la notion du prêtre tout puissant *ex opere operato*, sera définitivement éliminée par celle du prêtre qui n'ayant rien d'ultra-humain sera, par vocation, par volonté, l'ouvrier désintéressé qui, tout naturellement, se trouve au premier rang pour frayer les voies nouvelles à l'avant-garde de l'humanité.

Le jour où l'ordination sacerdotale ne sera plus censée conférer des pouvoirs magiques, le nombre des prêtres, bien loin de diminuer, augmentera, car la France d'aujourd'hui est

(1) Les formules et le cérémonial de l'exorcisme se trouvent encore dans les Rituels. Dans certains vieux manuscrits ce sont les parties les plus usées. Aujourd'hui, nul ne songe à les employer.

la fille très légitime de la France d'hier. Nos rêves sont différents, mais ils sont toujours orientés vers les mêmes préoccupations. Ceux qui ont rédigé la Déclaration des Droits de l'homme étaient les vrais fils de ceux dont on disait jadis *Gesta Dei per Francos*. Nous avons grandi. Nos enfantines convictions se sont épurées, mais notre vocation est restée la même, et la vieille formule caractérise bien l'élan qui emporte notre pays encore aujourd'hui, et tend à en faire, malgré son renom d'incrédulité, l'aumônier et le chapelain de l'Europe.

Au fond, il n'a qu'une ambition, et bien insensés sont ceux qui ne s'en aperçoivent pas, c'est de précéder les autres peuples, non dans la prospérité matérielle, mais dans la conquête du vrai et la réalisation de l'idéal.

Or la tête d'un pareil pays, c'est fatalement un clergé, c'est-à-dire le corps de ceux qui, d'un élan, se sont voués à marcher les premiers, ont coupé derrière eux les ponts, pour n'avoir pas la tentation de retourner en arrière (1). Ardeur juvénile et inconsidérée,

(1) On me dira sans doute : « Seriez-vous donc pour

dira-t-on, et je n'en disconviens pas ; mais ardeur fatale, naturelle, qu'il faut comprendre et aimer. Sous prétexte que trop de gens se sont voués à d'odieuses divinités, il ne faut pas méconnaître le sacrifice.

C'est là que gît la grande erreur des églises issues de la Réforme, leur incapacité à trouver en France les sympathies auxquelles elles semblent avoir droit. Le protestantisme a fort bien vu les pièges dans lesquels tombe trop souvent celui qui veut vouer sa vie ; mais l'atmosphère de pharisaïsme, de paresse ou d'égoïsme exaspéré, qu'on trouve trop souvent dans les monastères, ne prouve pas plus contre l'esprit de sacrifice, que les sinistres

les vœux perpétuels? Je ne suis ni pour, ni contre ; je les constate comme un fait. La loi civile n'a pas à les reconnaître, mais elle n'a pas non plus à les méconnaître. Il s'agit là de choses qui se passent hors de son domaine. Formuler des vœux éternels est dans la nature de l'homme, comme de faire d'éternels serments d'amour. L'Etat doit protéger la liberté du citoyen qui, aujourd'hui, fait un vœu perpétuel, comme il devra demain la protéger, si le même citoyen reconnaît son erreur et rompt son vœu.

baisers des maisons de joie ne prouvent contre l'amour.

Pour mieux éviter les pièges on a virtuellement nié la force mystérieuse qui porte l'élite de l'humanité à se sacrifier.

C'est précisément le fait d'accepter les dévouements qui constitue peut-être, à l'heure actuelle, la force par excellence de l'Eglise. Il y a longtemps qu'elle serait morte, si elle n'avait, pour se soutenir, que sa rigueur doctrinale, sa monumentale hiérarchie ou sa discipline de fer. Ce qui fait sa vie, c'est que, seule, ou à peu près seule, elle veut être aimée jusqu'à la folie, jusqu'à l'immolation.

Chaque année, des milliers d'hommes abandonnent des devoirs prochains, clairs, précis, pour courir aux extrémités du monde, prêcher à des peuplades incultes une religion qu'elles ne peuvent pas comprendre, tandis que des milliers de femmes renoncent aux joies et aux devoirs de la maternité, pour s'enfermer dans des couvents. C'est absurde, dites-vous, et vous avez raison ; mais ne pensez-vous pas qu'au lieu de lutter contre ces absurdités par des moyens extérieurs et inefficaces, il vaudrait mieux en voir l'origine profonde, humaine, retrouver la vérité qu'il y a au fond de ces erreurs.

Or la vérité, c'est qu'il y a dans l'humanité une multitude d'âmes qui aspirent à se donner. N'essayez pas de leur démontrer que le véritable dévouement est de faire modestement son devoir journalier, de souffrir obscurément et peut-être de s'immoler en silence ; elles ne vous comprendraient pas. Et si vous persistez à ne pas les entendre, elles entreront dans la première institution qu'elles rencontreront sur leur passage, pourvu qu'elles aient cru pouvoir lire au-dessus de la porte : « Ici on accepte les immolations. »

Il y a sur la terre les professionnels du dévouement. Ils constituent même l'élite de l'humanité et sont dans notre civilisation égoïste les avant-coureurs et les prophètes de la civilisation de demain. La façon dont ils se dévouent peut être absurde, mais le mouvement qui les porte à s'immoler est beau, bienfaisant, vrai.

Le jour où la démocratie comprendra cela, où elle sera organisée de façon à utiliser les dévouements et les immolations, ce jour-là, mais ce jour-là seulement, elle aura son clergé, un clergé nouveau qui, tout en laissant tomber dogmes, miracles et révélation, sera pourtant le successeur très légitime du clergé actuel dont il n'aura fait qu'agrandir et développer les idées vivantes.

***

Peut-être dira-t-on que la démocratie a déjà son clergé tout organisé : les instituteurs. Je reconnais bien volontiers que le corps enseignant est le facteur essentiel de l'avenir du pays ; et, puisque l'occasion se présente, on me permettra d'ajouter que la campagne sournoise menée en ce moment contre nos instituteurs est à la fois injuste et aveugle. Mais il serait sans doute naïf de prendre trop au sérieux une tentative qui vise surtout à organiser une opposition politique.

Cependant, si, pris dans son ensemble, le

corps des instituteurs a droit à toutes nos sympathies ; si, par ses progrès, il mérite notre profonde reconnaissance, il ne s'ensuit pas qu'il soit le clergé de l'avenir.

Qu'il doive avoir une influence croissante, être entouré d'un respect grandissant, que l'école soit dans nos villages un foyer de bon sens et de raison, c'est ce qu'on doit ardemment désirer ; mais il y a autre chose. L'homme ne vit pas seulement de pain et de données scientifiques. Dans chacun de nous, il y a un poète et un précurseur. La mission de l'instituteur est de former le citoyen actuel : il ne peut pas, il ne doit même pas s'occuper du poète ou du citoyen de demain.

Une autre raison pour laquelle le corps enseignant ne saurait constituer un clergé, c'est que le clergé de l'avenir doit pouvoir recevoir tous ceux qui voudront se donner, se consacrer, se vouer à quelque grande cause. Or, ne peut pas être instituteur ou professeur qui veut. Il faut des titres, des examens, des forces que tout le monde n'a pas.

Quand on visite les monastères dont la règle

est la plus austère, ceux des Trappistes, des Chartreux où des Carmélites, on apprend qu'une des causes les plus fréquentes de vocation, ce sont les désespoirs d'amour.

Pouvons-nous penser que ces accidents n'existeront plus? Pourrons-nous conseiller aux malheureux qui en sont victimes de devenir instituteurs, d'entrer à l'hôpital, ou de se suicider? N'est-il pas à souhaiter, au contraire, que la démocratie leur porte secours, en leur trouvant un labeur de dévouement et de sacrifice, où ils n'iront pas enterrer leur douleur et y succomber, mais où ils iront la vaincre à force de travail et d'énergie?

Cette brochure a été l'objet de diverses critiques auxquelles je désirerais maintenant répondre en quelques mots.

A droite, comme je m'y attendais, elle a été tout de suite ajoutée par les défenseurs de l'orthodoxie intégrale à toutes les pièces à conviction qu'ils réunissent contre leurs adversaires, les jeunes catholiques (1). Puis, on a cherché, par des articles insidieux, qui appelaient une réponse, à me faire livrer de nouveaux noms (2).

(1) C'est le fond même de la réponse qu'a bien voulu me faire le célèbre évêque de Nancy, Mgr Turinaz: Les causes de la Séparation de l'Église et de l'État. Un catholicisme nouveau et un clergé nouveau. Lettre ouverte de Mgr Turinaz, évêque de Nancy et de Toul, à M. Paul Sabatier, Nancy et Paris, in-8 de 22 p.

(2) C'est la préoccupation principale d'une foule d'articles à la fois violents et insignifiants. Il serait oiseux d'en dresser une liste.

Les personnes qui voudraient avoir une idée de la critique littéraire dans certains organes, pourront lire la série d'articles publiée par l'*Unità Cattolica* de Florence (décembre et janvier 1905-1906).

Quelques-uns de ceux qui ont été publiés par le *Cittadino* de Gênes ont été réunis en brochure sous le titre : **Il santo che non è santo. A Fogazzaro, Harnack, Loisy, Tolstoï, Sabatier e Ci. Appunti critico-religiosi sul programma della nuova Riforma.** Turin, in-8° de 54 p., en vente chez les Pères Jésuites de Rome, 246, via Ripetta.

Mes vénérés contradicteurs me permettront-ils de leur dire qu'ils me rendraient service en m'envoyant leurs articles, surtout quand ils me posent des questions ?

Au fond, il n'est venu de ce côté que deux critiques sérieuses.

La première est d'avoir pris un ton qui n'est pas celui de la sérénité historique et qui dénote de la colère. Le reproche est mérité : quand je parle du parti clérical, je ne fais aucun effort pour cacher les sentiments qui m'envahissent à la vue de ses erreurs, de ses illusions, de sa pauvreté intellectuelle, de ses haines.

Je leur en veux d'être un parti de gamins, de frelons et d'aventuriers. Je leur en veux d'avoir séduit l'Eglise.

Ils se sont introduits chez elle, à la manière de ces intrigants qui rôdent autour des châteaux habités par de très vieilles personnes. Ils ont attendu, dans l'ombre, le jour où une discussion éclaterait, et alors ils ont pris violemment parti pour l'aïeule, l'ont comblée de caresses et ont mis à la porte ses fils légitimes. Ils règnent maintenant en maîtres sur la pauvre femme. Peut-être a-t-elle de temps en temps quelque soupçon sur ses étranges soutiens, mais il est trop tard ; elle est confinée, et les cris de détresse qu'elle pourrait pousser n'arriveraient pas aux oreilles de ses fils légitimes.

J'en veux à tant de gens qui descendent, paraît-il, des croisés, d'accaparer chaque matin l'attention de la France et de l'Europe pour des prouesses lamentables ou ridicules. L'attention publique a des limites, et les colonnes des journaux aussi : les quelques minutes que vous consacrez à lire les exploits des défenseurs du fort Chabrol ou les équipées des bandes qui s'opposent à l'exécution de la loi sur les inventaires, vous ne les avez plus pour les consacrer à des questions sérieuses. Ces messieurs nous volent une chose bien plus précieuse que l'argent, quoi qu'en dise le proverbe anglais, ils nous volent notre temps.

Je leur en veux enfin de ce qu'après nous avoir fait croire qu'ils sont une grande école de respect, ils ne sont plus aujourd'hui qu'une école de haine et d'injure.

Lorsque M. Loubet annonça avec une netteté complète sa résolution de ne pas être réélu président de la République, il n'y eut dans toute la presse cléricale qu'un outrageant éclat de rire. Ces gens-là sentaient fort bien que tout concourait à sa réélection, et qu'il lui faudrait une force de volonté extraordinaire pour résister jusqu'au bout. Aussi avec quelle joie malsaine ne se préparaient-ils pas à crier à l'hypocrisie et à la comédie !

La fin n'a justifié ni leur attente ni leur espoir. Ils auraient pu plaider les circonstances atténuantes si, le 19 février 1906, ils avaient eu le tact de saluer, sinon avec amour, du moins avec respect, celui qui, en quittant avec une simplicité et une dignité parfaites ses hautes fonctions, donnait à notre démocratie la plus profitable des leçons. Ils n'y songèrent même pas. On trouvera, à l'Appendice, les articles que la *Vérité Française* et *l'Univers* ont publiés à cette occasion.

***

Une autre critique qui m'a été adressée est celle de n'avoir pas parlé des francs-maçons.

D'éminents amis m'ont écrit que mon étude

des fautes cléricales serait plus solide, si je l'avais complétée par une étude des fautes maçonniques.

Là encore le reproche est mérité; mais je n'ai point parlé des maçons, pour la bonne raison que je ne les connais pas. Quand j'ai voulu les connaître et que j'ai accepté les services de leurs adversaires qui s'offraient comme guides, le manque total de sérieux avec lequel ceux-ci m'ont parlé des faits que je suis à même de vérifier, m'a fait penser qu'ils n'étaient guère qualifiés pour me renseigner sur la maçonnerie.

Je sais, par exemple, comment ils traitent les protestants. Si donc je constate qu'il n'est pas de monstrueuse sottise, de venimeuse accusation qui ne trouve refuge et créance chez eux, dès qu'il s'agit de nuire aux protestants (1), je suis bien autorisé à con-

(1) On trouvera à l'Appendice (p. 151) la reproduction d'un article contre les protestants et (p. 192) celle d'un article contre les juifs, qui indiquent bien le genre d'arguments que *l'Univers, la Croix* et *la Vérité* apportent dans les discussions.

clure qu'ils n'emploient pas des procédés plus délicats à l'égard des francs-maçons.

Mais admettons un instant l'absurde supposition que ceux-ci soient vraiment ce qu'on les prétend être. Admettons que j'aurais dû, pour être complet, ajouter à cette brochure un réquisitoire contre l'Action maçonnique. Faisons plus, supposons que ces pages soient ici, et que j'aie dû arriver, pour cette partie, à des conclusions identiques à celles des polémistes cléricaux. Est-ce que cela changerait quelque chose à mes conclusions? Qui peut songer à mettre en parallèle une société purement terrestre, si puissante qu'elle soit, avec une Eglise qui se dit fondée par Dieu lui-même, qui est l'émanation de Dieu, sa pensée réalisée, contre laquelle les portes de l'enfer ne prévaudront point?

Je croirais faire injure à l'Eglise, par la seule pensée de la mettre en parallèle avec une autre Société, quelle qu'elle soit !

Mais nous passons en France par une singulière période; quand le cléricalisme a épuisé la gamme de ses aménités habituelles, et qu'il arrive au paroxysme de la colère, il a recours contre ses adversaires à la plus inattendue des injures : il les accuse de lui ressembler ! La libre-pensée, nous dit-on alors, n'est qu'un cléricalisme retourné. Il semble que ce ne soit pas faire là un bien grand éloge du cléricalisme. C'est ainsi qu'on nous a parlé, ces derniers temps, des conciles de la libre-pensée, des Dragonnades républicaines et de l'Inquisition maçonnique (1).

Après cela, plus d'un catholique sera étonné d'apprendre que la Se Inquisition existe encore à Rome, qu'elle y a son palais, ses juges et surtout sa procédure. Ne serait-il pas à désirer que l'Eglise ouvrît les portes du célèbre tribunal, y laissât pénétrer le public, accordât aux accusés les garanties élémentaires, avant de vouloir reprocher trop fort aux maçons leurs fiches et leur secret?

En relisant les pages que j'ai consacrées à la critique du cléricalisme, je reconnais vo-

(1) Voir *la Croix* du 10 février 1906 et des jours suivants, et *le Nouvelliste de Lyon* du 13 mars.

lontiers que j'ai été dur, très dur. L'ai-je été trop ? Ai-je apporté des mensonges ou des contre-vérités ? Me suis-je improvisé juge, pour le plaisir de condamner, et n'y avait-il que de l'orgueil ou de la haine au fond de ces pages sévères ? J'espère que personne n'osera le soutenir. Plusieurs des publicistes qui ont présenté cet opuscule à leurs lecteurs ont fait de moi un bon catholique défendant son église ! Catholique, je ne le suis pas, mais jamais éloge indirect ne me fut plus précieux que celui-là, car si on a vu en moi un catholique, cela prouve l'ardent amour qui, malgré mes critiques, imprègne et parcourt ces pages.

***

Certains amis de la gauche extrême m'ont fait un reproche naturellement très différent de ceux que nous venons de voir. Ils ont été étonnés de l'enthousiasme avec lequel j'ai parlé du renouveau catholique.

« Vous célébrez, m'écrivait l'un d'eux, comme l'aurore de temps vraiment nouveaux, ce grand fait de la séparation de l'Église et de l'État. Je crois que vous avez raison de le faire, mais cette révolution, dans le sens le plus élevé et le plus intime du mot, ne se produira pas, tant que l'on combinera, que l'on interprétera, que l'on ménagera les formes et les transitions. Nos néo-catholiques laissent subsister mainte équivoque. Presque pas un n'ose dire publiquement, pour tous, en chaire, ce qu'il dit dans un petit cercle d'intellectuels. L'esprit français aime les situations plus nettes et les attitudes plus décidées. Il n'est pas pour les compromis. »

Il y a beaucoup de vrai dans ces paroles, mais l'essentiel n'est pas de savoir si l'esprit français aime telle ou telle chose, mais si l'esprit français a raison, et si, ici, il ne fait pas une erreur résultant d'une trop longue éducation cléricale. C'est sur les bras de l'Église, mon cher ami, et avec le lait de la Scolastique que vous avez sucé cette notion d'absolu qui est comme l'atmosphère de votre pensée. Nos néo-catholiques ont tort, si, par calcul, ils créent des équivoques, ou en laissent subsister. Ils sont parfaitement excusables, si ce qui vous paraît, à vous, une équivoque est pour eux une métamorphose organique. Etudiez la vie d'un homme comme Pécaut, une des âmes les plus claires et les plus rayonnantes du dernier tiers du siècle écoulé. Vous pouvez en suivre le développement simple et harmonieux, à peu près jour par jour. Il y a affranchissement incessant, autonomie croissante : sous prétexte qu'il n'a pas brisé, du jour au lendemain, avec les idées du passé, les habitudes anciennes, peut-on parler d'équivoques et de compromis ? En réalité il y a assimilation, développement, progrès, il y a vie, et la vie ne ressemble en rien aux catégories de l'École (1). Un orthodoxe pur et un sceptique absolu sont également logiques ; ceux-là n'ont ni hésitations ni combinaisons. Mais vivent-ils ? L'orthodoxe pur est un être identique à lui-même, partout et en tout temps : qu'il soit fidèle de Baal ou de Jéhovah, il a reçu l'onc-

(1) V. *Pages choisies et fragments inédits de Félix Pécaut*, Paris, Fischbacher, 1906, in-12 de 392 pages.

tion qui le sépare de tout ce qui vit, marche, avance, se développe. De même pour le sceptique ou pour l'areligieux. Supposez un instant que les aimables plaisantins qui, jadis, préoccupaient tant le roi David par leurs négations, aient eu la victoire et que, dès lors, l'humanité ait fermé tous ses temples. Que d'erreurs, que de crimes, que de sang on eût ainsi épargné! Et pourtant ne suffit-il pas d'énoncer l'idée, pour montrer qu'en même temps l'humanité aurait renoncé à la plus belle part de son activité? A travers les compromis, les combinaisons, les interprétations, elle souffre, elle lutte, elle vit; elle s'achemine, toujours meurtrie et toujours victorieuse, vers une vérité qu'elle entrevoit sans cesse, sans la saisir jamais.

Voilà, je pense, ce que devrait se dire l'areligieux. Bien loin de se croire un être supérieur aux autres, il devrait, au contraire, se sentir mortifié, un peu comme l'homme qui ne comprend rien à la musique, perdu au milieu d'amis passionnés d'harmonie.

— XLV —

***

Ceci m'amène à dire un mot de certains libres penseurs, qui poursuivent en dehors des églises leur évolution idéale religieuse, et qui ne comprennent pas pourquoi on s'occupe tant des retardataires : « Les cléricaux, disent-ils, sont incorrigibles ! Les ombres du soir s'allongent, ne perdons pas notre temps à indiquer la route à des gens qui ne veulent pas nous écouter. »

Mais la France a-t-elle, je ne dis pas le droit, mais la possibilité de se couper en deux; ceux qui marchent plus vite abandonnant les autres ? On peut dire cela dans un accès de mauvaise humeur, on ne le fait pas !

Certes, je suis furieux contre un ivrogne, mon voisin, regagnant sa demeure si, malgré mes recommandations, il a de nouveau bu avec excès. J'ai pu, lassé par ses insanités, le laisser seul sur la route, non loin des précipices. J'ai pu le précéder, rentrer chez moi, m'allonger sur mon lit et tâcher de dormir ;

mais voici que je crois entendre ses appels, ses cris; et, au milieu de la nuit, à la lueur d'une pauvre lanterne, je me sens obligé d'aller à sa recherche.

Il en est de même de la démocratie et du cléricalisme. Un jour, la démocratie pourra se fâcher, le quitter, le perdre de vue : l'instant d'après, l'instinct de la fraternité reprendra ses droits, car nul ne vit pour soi-même.

La démocratie est le régime de la solidarité. Certes, cette solidarité existait auparavant, mais confuse, en quelque sorte, et non perçue. Avec la démocratie, on en prend conscience, et cette perception, devenant de plus en plus claire, pénètre peu à peu toute l'activité sociale, la transforme et crée ainsi une période nouvelle de l'histoire.

Régime de solidarité et non pas, comme on l'a dit si souvent, régime d'égalitarisme et de médiocrité.

N'a-t-on pas vu, durant ces dernières années, des esprits fort distingués qui s'en allaient répétant : « Les temps actuels ne sont pas des milieux favorables pour des génies tels que les nôtres ; on ne nous comprendra pas, on nous méconnaîtra ; la Démocratie arrive, rentrons chez nous ! »

Le geste est aristocratique. Reste à savoir s'il est justifié.

Ce qui est vrai, c'est que la pensée du peuple ne divise plus l'humanité en deux cortèges éternellement parallèles, les dirigeants et les dirigés, les rois et les peuples, les enseignants et les enseignés. Elle ne croit pas plus au droit divin des rois, qu'à des révélations tombées du ciel et instituant pour certains groupes des droits spéciaux et invérifiables. En un mot, elle revendique l'égalité de tous les citoyens. Se présenter devant la démocratie, le front effleuré de l'huile de la sainte ampoule, ou marqué de quelque signe mystérieux, et lui annoncer qu'on a sur elle des pouvoirs magiques, ce n'est pas seulement se mettre hors la loi, c'est se mettre hors la pensée de notre siècle.

Si, par respect, on entend le mouvement de faiblesse, de lâcheté ou de peur qui nous porte à accepter passivement ce qu'on nous dit, à nous incliner devant les mots, les hommes, les événements, il est incontestable que le respect s'en va, et que le long gémissement de tous ceux qui déplorent la disparition progressive des barrières sociales est parfaitement justifié.

Mais si cette antique notion du respect est en train de disparaître, peut-on, sans injustice, dire que la démocratie ne veuille d'aucune supériorité, qu'elle soit tourmentée par la manie du nivellement ?

Ce qu'il faut dire, c'est que la démocratie fait aux génies de la parole, de l'idée, de l'art ou de l'action le plus encourageant des éloges, elle veut les comprendre, les approcher, les toucher en quelque sorte ; elle veut, par-dessus tout, entretenir entre eux et elle un courant de sympathie qui sera leur force et qui sera son honneur. Elle ne les considère ni comme ses dieux, ni comme ses maîtres ; elle ne connaît plus que des frères : en haut, pour les admirer et les suivre ; en bas, pour les secourir et les faire progresser.

***

Enfin il y a un dernier reproche, encore justifié, qui m'a été fait par une foule de prêtres. Ils ont trouvé que j'étais trop bref, trop imprécis en parlant du renouveau catholique. Ils auraient voulu beaucoup plus de noms et de faits.

Je ne puis malheureusement que répéter ce que j'avais dit, à savoir que je me suis cru obligé à une extrême réserve. Les temps sont graves. Je sais que le mouvement qui emporte le jeune clergé vers les idées nouvelles est irrésistible.

Mais chacun doit agir d'après ses forces, ses lumières et sa conscience. La libre-pensée n'a pas à se constituer en église. Elle est la pensée, et partout où quelqu'un pense par lui-même, veut avec sa propre volonté, voit avec ses yeux, cet homme, si loin qu'il soit, est en route par les sentiers nouveaux. Sachons donc nous garder de toute impatience; laissons agir la nature et le soleil; ne coupons pas les branches sur lesquelles il y a des bourgeons, sous prétexte de prouver que le printemps approche.

Je me permets de formuler ces vœux et ces recommandations, parce que nous ne sommes pas à un moment ordinaire. Il ne s'agit plus, désormais, de prêtres plus ou moins isolés, incapables de plier leur pensée à toutes les thèses d'un conservatisme exaspéré ; il s'agit de plusieurs milliers de prêtres en exercice aujourd'hui, qui sont imprégnés des idées nouvelles, et très persuadés qu'ils pourront être fidèles à leur Eglise et à Dieu, sans se manquer de sincérité à eux-mêmes. Dans dix ans, ces prêtres-là seront la majorité. En général, ils s'ignorent entre eux, car s'il n'y a pas de corps ayant à l'extérieur plus de cohésion, il n'y en a pas non plus où la fraternité intellectuelle et mystique soit plus rare (1).

(1) D'un seul canton du centre, sept ecclésiastiques m'ont écrit, à la suite de cette brochure. Aucun d'eux ne suppose qu'à quelques kilomètres de lui, six de ses confrères ont des idées et des préoccupations analogues aux siennes.

Dès lors, pourquoi, par une hâte indiscrète, courir le risque d'attirer des persécutions sur ceux-ci ou sur ceux-là? Pourquoi les isoler de leur milieu, leur enlever toute influence sur ceux qu'il est le plus important d'atteindre?

Supposez que, par toute la France, les jeunes catholiques aient été signalés à l'attention et à l'admiration publique. Quelques-uns d'entre eux en seraient fiers, et la plupart des libres penseurs leur enverraient du bout des doigts un rapide salut. Or, à côté de ces très minces avantages, je vois de terribles inconvénients.

On peut s'attendre à tout de l'autorité ecclésiastique. J'espérais encore, il y a quelques semaines, que ce que son intelligence ne comprenait pas, son cœur le devinait assez pour éviter de parler, à l'aurore du xxe siècle, comme parlèrent Grégoire VII ou Boniface VIII. Je crains d'avoir eu tort. Il ne nous appartient pas d'aider Pie X à faire la police de son Église.

***

Je voudrais encore, avant de finir, dire

quelques mots de mon étonnement, en voyant l'importance que la plupart des organes ultra-conservateurs ont donnée à ces modestes pages.

De ce concert de lamentations, de malédictions qui, de Bruxelles, Paris, Turin, Florence, Gênes, Naples et Messine, s'est élevé vers le ciel, je ne mentionnerai que les articles de *la Civilta Cattolica* (1).

La simultanéité et la généralité des efforts qui se font partout du côté des catholiques intellectuels, pour garder la foi sans abdiquer la raison, paraissent naturellement à des Jésuites la preuve que quelque puissance malfaisante parcourt l'Église en y répandant des semences diaboliques. Ils voient l'étendue de la crise, sans en comprendre ni l'origine, ni la nature. Ils appellent des mesures de rigueur, sans s'apercevoir que ce n'est pas par la chi-

(1) N° du 20 janvier 1906, article intitulé *Paul Sabatier e la Separazione in Francia* (p. 203-209), n° du 3 février et du 2 mars, articles intitulés *Uomini nuovi ed errori vecchi*, p. 257-274 et 559-575.

rurgie qu'on soigne une crise organique et qu'on élimine un venin, si venin il y a.

Si les dénonciations de la *Civilta Cattolica* venaient à être écoutées, Rome frapperait en masse, non seulement en France, mais dans toute l'Europe catholique, quiconque tient une plume ou se permet d'avoir une opinion.

« Le Réformisme », pour parler avec la célèbre Revue, n'est pas ici ou là, il est partout : il s'est glissé dans les séminaires, insinué dans les palais épiscopaux (1), et infiltré jusque dans les Universités pontificales.

(1) Il n'y a que deux membres de l'épiscopat d'Italie dont le nom, à cause de leur savoir et de leurs vertus, soit populaire, d'un bout à l'autre de la Péninsule, celui du cardinal Capecelatro et celui de Mgr Bonomelli, évêque de Crémone. Va-t-on faire de ce dernier un hérétique, l'écarter, l'éliminer? Va-t-on saisir bien vite l'occasion qui se présente de prouver au monde entier que, non seulement l'Église ne supporte pas qu'on pense ce que ne pense pas, ne pense plus ou ne pense pas encore le magistère infaillible, mais qu'elle n'admet même pas qu'on constate un fait qu'il ne lui plaît pas de constater? C'est en effet à cela que se réduit le crime de Mgr Bonomelli ; il a constaté — (*La Chiesa e i Tempi Nuovi* [Cremona, 1906, in-12 de 104 p. Stabilimento Tipografico,

Que dis-je ? il fait rage surtout dans la Commission biblique, c'est-à-dire chez ceux-là même qui auraient dû montrer l'inanité des prétentions de la science laïque (1).

Paul Sabatier « si caressé par certains mem-

Unione diocesana, 1 franc, et dans toutes les librairies d'Italie], Mandement pour le Carêmé de 1906) — que tous les pays civilisés s'acheminent vers la séparation des églises et de l'État, comme vers un régime qui, demain, sera le seul possible ; et le vaillant évêque estime qu'au lieu de le maudire, il vaudrait mieux s'y préparer et le préparer. Or voici que *l'Osservatore Romano*, du 1er mars, apporte la lettre des évêques de la Lombardie, désavouant la pastorale de leur collègue de Crémone, et la réponse que leur fait Pie X, déplorant le « poison homicide de certaines doctrines qui ne pourront jamais être acceptées par l'Eglise », et promettant de sévir.

(1) Les zelanti de la droite avaient donc raison, quand ils regardaient la création de la commission comme une des nombreuses erreurs du dernier pontificat. Les discussions, il est vrai, sont secrètes ; elles se déroulent, protégées par un secret terrible, le *secreto pontificio* ; mais c'est déjà trop, selon eux, que certaines questions soient posées : « L'Eglise, disent-ils, n'a-t-elle pas vécu glorieuse depuis de longs siècles, sans qu'on se soit mis en souci pour répondre aux sottes curiosités de quelques esprits qui se croient des savants et qui ne sont en réalité que des orgueilleux ? »

bres du jeune clergé » (1), est responsable d'une partie des maux qui fondent sur l'Eglise. Il y a même, paraît-il, une malfaisante hérésie qui s'appelle le subjectivisme sabatérien (2)! Le célèbre écrivain Fogazzaro, le P. Tyrrell, l'abbé Murri avec sa pléiade de journaux, l'abbé Buonaiuti, professeur au séminaire pontifical de l'Apollinaire — je cite pêle-mêle — seraient mes complices ! Je ne me croyais pas aussi dangereux. Si les bons pères n'étaient pas emportés par leur zèle et leur fougue, ils comprendraient que le veilleur qui annonce l'aurore — espoir des uns, effroi des autres — n'a pas de baguette magique pour ouvrir les portes au char du soleil.

La Civilta a la bonté de signaler à l'attention un prêtre, M. l'abbé Dimnet, qui serait, lui aussi, entaché de la fameuse hérésie (3). Je

(1) *Civilta*, p. 261.

(2) *Soggettivismo Sabatieriano*, dit *la Civilta*, p. 268. *Soggestivismo Sabbatteriano*, disent d'autres. Voilà de quoi nous rendre perplexe !

(3) *Civilta*, p. 264 et suiv. Le livre de M. Dimnet a pour titre : *La pensée catholique dans l'Angleterre contemporaine* (in-12 de XXXII et 312 pages).

M. Dimnet connaît sans doute mieux l'Angleterre

n'avais pas songé à le mentionner, pour la bonne raison que si j'avais dû consacrer quelques lignes à tous les prêtres de Paris façonnés aux méthodes nouvelles, j'aurais dû tripler la longueur de cette brochure.

La Civiltà incrimine un volume de lui, qui

que Rome. Il ignore par exemple le principe essentiel de l'apologétique intégrale, qui est de n'accepter la lutte qu'avec les contradicteurs qu'on pourra terrasser. Quant aux autres, ils n'existent même pas. Envoyez un manuel de dévotion quelconque à l'*Osservatore Romano*, il lui consacrera quelques aimables lignes d'éloges dans sa *Bibliografia*, ou tout au moins une mention dans le paragraphe où il donne l'énumération des livres déposés dans ses bureaux. Envoyez-lui les livres de Loisy, rien ne paraîtra. Renouvelez l'envoi. Recommandez-le, en pensant que peut-être il y a eu quelque erreur postale. Peine perdue. Silence de mort. Cette méthode apologétique a reçu un nom : elle s'appelle la conspiration du silence. Elle tue, mais on pourrait se demander qui elle tue, ceux qui l'organisent ? ou ceux contre qui elle est organisée ?

M. Dimnet ne la pratique à aucun degré ; de là le scandale qu'il soulève. N'a-t-il pas l'audace de parler quelque part (p. xv) de la *paresse coupable* qui fait le danger des petits livres de M. Loisy, « si utiles pour une bonne volonté éclairée, si désastreux pour une foi ébranlée, peu soucieuse de se raffermir ».

vient de paraître, volume dont les divers chapitres avaient paru dans la *Revue du clergé français*, où ils n'avaient ni détonné ni étonné. Le courant est si fort que l'archevêché de Paris n'avait pas songé à les arrêter au passage. Je comprends les alarmes des Jésuites et les trouve parfaitement justifiées, puisque, entre leur catholicisme et celui de M. Dimnet, il y a bien plus de distance qu'entre celui de M. Dimnet et... . . . .

Mais que vais-je parler de distance pour des choses qui sont originellement différentes. On ne compare pas un arbre à un théorème,

M. Dimnet le sait bien, lui qui dit si tranquillement leur fait « aux gens — de peu de foi ou d'une formation scientifique insuffisante (!). — qui s'épouvantent de la naturalisation de la religion ».

On l'accuse de se servir des grands noms de l'Angleterre pour abriter ses erreurs. Je ne suis pas assez théologien, pour voir si l'accusation est méritée ; mais il y a quelque chose qu'il a emprunté aux Anglais, c'est le flegme avec lequel il dit des choses énormes — je veux dire énormes pour des Jésuites. — Ce dangereux abbé ne nous annonce-t-il pas que, dans peu de temps, la théologie catholique ne sera qu'une adaptation de la foi aux principes qui gouvernent la philosophie, l'exégèse et l'histoire ! Adaptation qui a déjà pour elle la sanction de quelques esprits supérieurs et l'enthousiasme de la jeunesse. Et il nous parle de la vague qui entraîne tant de jeunes gens, laïques et prêtres, dans le courant de la pensée contemporaine.

Va-t-on, sur les sollicitations de *la Civilta* condamner M. Dimnet ? Va-t-on lui demander la rétractation de ses erreurs. Devra-t-il, pour se faire pardonner, étendre la main sur l'Evangile et jurer qu'il n'a pas vu ce qu'il a vu, ou bien devra-t-il attester que ce qu'il a vu n'existe pas ?

Soyons donc reconnaissants aux bons Pères de nous avoir signalé ce cas, particulièrement intéressant, puisqu'il nous montre les impossibilités où vient se butter désormais l'orthodoxie traditionnelle.

Sévir contre M. Dimnet, ce serait s'obliger

à sévir contre la Revue qui a reçu ses articles, et contre tous ceux qui les ont lus sans protester.

Ce serait la suppression logique, forcée, de la *Revue du Clergé Français*, de la *Quinzaine*, la mise à l'index du *Sillon;* ce serait l'injonction, à tous ceux qui pensent, parlent ou écrivent, d'avoir à se taire ! Ce serait la purification de l'épiscopat et la destitution des quarante ou cinquante évêques qui n'ont pas l'estime de M. de Mandat-Grancey et de ses amis (V. page 12, n. 2).

Les gens de *la Croix* seraient contents, mais leur joie ne serait peut-être pas de longue durée, car on trouve toujours un plus orthodoxe que soi. N'ont-ils pas été aimables pour *le Sillon,* comme si le bloc catholique pouvait se constituer en dehors de l'unité et de la vérité politique ? *La Vérité française* serait reconnue pour ce qu'elle croit être, le seul organe authentique de l'Eglise. Le pieux journal triompherait, mais il ne serait pas seul ; et pendant qu'il chanterait son Te Deum au Sacré-Cœur de Montmartre, le groupe encore si restreint, qui a pour programme la destruction du catholicisme, aurait le droit de triompher aussi et de nous dire qu'ils avaient raison, ceux qui s'en allaient, nous représentant l'Eglise comme l'adversaire irréconciliable de la pensée et de la liberté.

***

Les pages qui précèdent étaient déjà écrites, lorsque le pape Pie X a fulminé la condamnation de la loi de séparation (1). C'est un morceau de grande allure, un peu inattendu, peut-être, sous la plume d'un successeur de saint Pierre, qui a déclaré avec tant d'éclat,

(1) Encyclique *Vehementer nos*. Datée du 11 février, elle a paru, en latin et en français, dans l'*Osservatore Romano*, du 18 février.

L'importance de ce document est trop grande pour que, malgré sa longueur, nous n'en donnions pas le texte complet. On le trouvera donc à l'Appendice, Doc. VIII, p. 155. On remarquera qu'en dehors des considérations doctrinales, le Souverain Pontife dresse, en quelque sorte, le catalogue de ses doléances contre le gouvernement de la République, mais que, pas un instant, il ne songe à se demander si l'Église n'aurait pas quelque chose aussi à se reprocher.

naguère, qu'il voulait *instaurare omnia in Christo* (1). Nous avons bien une restauration ici, mais une restauration qui rappelle bien plus Boniface VIII que le maître doux et humble de cœur des Evangiles.

L'impression faite par la publication de ce document est facile à indiquer : à l'extrême droite, de bruyantes acclamations de joie ; au centre, de l'étonnement et de la curiosité, l'attitude de gens bien élevés rencontrant une procession ; à gauche, de la joie encore, joie de soldats rencontrant l'ennemi, plus vite qu'ils ne croyaient, et constatant avec satisfaction qu'il correspond ponctuellement au portrait qu'on leur en avait tracé.

Le principal résultat de cette manifestation solennelle, c'est que, désormais, Pie X peut connaître les siens. Il a opéré un triage. Jus-

(1) « Restaurer toutes choses en Christ », Ephésiens I, 10. Programme du pontificat de Pie X. V. Bulle *E supremi apostolatus cathedra* du 4 oct. 1903. Voici le verset complet : *in dispensatione plenitudinis temporum, instaurare omnia in Christo quæ in cœlis et quæ in terra sunt in ipso.* Evidemment, Pie X n'a pas songé au contexte !

qu'ici la Religion Catholique, Apostolique et Romaine était réputée celle de la majorité des Français; mais désormais il n'en est plus ainsi, car s'il n'y a de vrais catholiques, dans notre pays, que ceux qui ont applaudi l'encyclique, ils ne sont décidément qu'une bien faible minorité, même si on compte avec eux ceux qui grossissent leurs rangs, tout en déclarant bien haut qu'ils adhèrent au catholicisme politique et non au catholicisme religieux (1).

Cette France, à laquelle le Vicaire de Jésus-

(1) Tout le monde sait qu'un des résultats de l'affaire Dreyfus a été l'éclosion de formes catholiques inattendues et paradoxales. Un écrivain ecclésiastique nous a présenté dès 1902, dans l'*Univers*, un « athée clérical » dont il ne faisait pas, à vrai dire, un Père de l'Eglise, mais il avait pour lui des gentillesses et des prévenances que les ecclésiastiques ne prodiguent pas à tort et à travers. « Sorte de bénédictin laïque, il possède une érudition rare, une conscience sincère, une âme profondément française, un cœur d'enfant.... Sa spécialité d'incroyance, si j'ose parler ainsi, c'est de s'affirmer tout ensemble athée et matérialiste, catholique et clérical »... Mais peut-être cette forme de catholicisme n'est-elle ni aussi nouvelle ni aussi paradoxale qu'elle le paraît. Je soumets la question au lecteur.

Christ annonce la victoire sur l'autre France, c'est celle qui est représentée par *l'Autorité, le Gaulois, la Croix, la Gazette de France, la Libre Parole, le Moniteur Universel, le Peuple Français, le Soleil, l'Univers et le Monde, la Vérité Française* (1).

Comme un seul homme, tous ces journaux ont estimé que l'encyclique *Vehementer nos* était une fin de non recevoir opposée à la loi nouvelle, une déclaration de guerre en toute règle, jetée à l'œuvre de la représentation nationale (2).

(1) Voir pour la liste des journaux catholiques dans l'*Annuaire du Clergé Français*, p. 637 (1904).

(2) Telle n'est pas l'interprétation donnée par l'abbé Lemire, député, dans son discours du 8 mars, dont il sera question plus loin. Inutile d'ajouter que les catholiques cléricaux ont répondu par un torrent d'injures. Voir, par exemple, la *Vérité* du 10 mars.

Bien d'autres catholiques cependant, et au premier rang les rédacteurs de *Demain* (V. ci-dessus, p. 93 et 99), ont vu surtout dans l'encyclique les conseils de douceur et de charité par lesquels elle se termine,

Enfin il y en a aussi qui, tout en prenant le document pontifical pour une déclaration de guerre à la loi, ne s'en sont pas émus outre mesure. Un prêtre, qui occupe une situation éminente dans le monde

J'espère que ces journaux, quelque qualifiés qu'ils soient pour interpréter la pensée pontificale, se trompent cependant ; je veux croire que par delà le tapage assourdissant des bandes d'exaltés, Pie X saura deviner la France qui pense et qui travaille, celle qui croirait lui faire injure par la simple supposition que des lèvres infaillibles puissent tomber d'autres paroles que des paroles de paix.

Le Parlement a voulu faire une loi de liberté et d'indépendance. Qu'il ait réussi, c'est ce que prouve la façon calme et souvent joyeuse dont elle a été acceptée par les Protestants et les Israélites (1). La lutte contre la

savant, m'écrivait ces jours-ci : « En voyant Pie X condamner et annuler, de sa pleine puissance, la loi de séparation, je me suis rappelé qu'Innocent III avait condamné la Grande Charte d'Angleterre. L'anathème a porté bonheur à celle-ci. Il ne faudra pas si longtemps pour s'apercevoir que la séparation était chose viable, légitime et nécessaire. »

Ces lignes m'ont suggéré l'idée de joindre à l'Appendice l'anathème d'Innocent III, on pourra ainsi le comparer avec la condamnation fulminée par Pie X, et étudier le parallélisme des deux documents (V. Appendice, doc. XI).

(1) La loi nouvelle atteint bien plus durement les

loi ne prouverait qu'une chose, c'est que l'Église ne peut pas se contenter du même traitement que les autres cultes, et qu'elle est inapte à accepter un régime de liberté.

Si la bulle *Vehementer nos* devait être autre chose qu'une déclaration de principes théoriques, si, devenant l'exposé des prétentions pratiques du Siège apostolique, elle devait être accompagnée de l'ordre de mobilisation des forces catholiques, en révolte contre une loi régulièrement votée, alors l'Allemagne et l'Angleterre comme les États-Unis, la Hollande comme la Suède, tous les pays

protestants que les catholiques, parce que les premiers n'ont qu'une organisation rudimentaire, et que les fidèles n'ont pas déjà l'habitude des frais de culte sous forme de casuel. Dans le protestantisme, il n'y a rien qui équivaille aux honoraires de messe, et la situation des pasteurs est d'autant plus grave qu'ils ont en général de nombreuses familles.

Quand les catholiques disent que les traitements versés par l'État au clergé sont une dette nationale contractée par la suppression des biens ecclésiastiques sous la Révolution, et à laquelle les protestant n'auraient aucun droit, ils oublient les démolitions de temples et les confiscations de biens exécutées au moment de la Révocation de l'Édit de Nantes.

où vit une minorité catholique, devraient se dire : « Dès l'instant où ceux que tu as reçus comme des hôtes se sentiront en force, ils se redresseront contre tes lois ; ils ne lutteront point contre elles, en citoyens respectueux du pacte social et qui, s'ils désirent avoir leur part d'influence, ne veulent user que de moyens légitimes. Non, tous les moyens leur seront bons, qu'ils estimeront capables de les faire triompher. Demain, ce soir peut-être, s'élèvera, là-bas, la voix du successeur de Pierre, qui promulguera contre toi aussi la bulle *Vehementer nos*, et soulèvera tes citoyens contre les lois du pays. »

Mais ce sont là, sans doute, des pensers qu'il faut écarter. Mon excuse de les avoir exposés, ce sont les événements de ce mois de février, durant lequel on a attendu en vain que quelque voix autorisée s'élevât pour désolidariser l'Église de toute compromission avec les partis de désordre. Les premiers jours, divers curés de Paris protestèrent contre l'envahissement des églises par des paroissiens qu'ils ne se connaissaient pas ; M. l'abbé Gayraud, qui n'est ni socialiste, ni hérétique, crut qu'en sa qualité de prêtre et de député, il avait le droit et le devoir de parler à ses coreligionnaires. Respect à Dieu ! s'écria-t-il dans l'*Univers*, en rappelant les paroles du sermon sur la montagne et l'ordre donné par Jésus à Pierre de remettre l'épée dans le fourreau (1).

Il se trouva un évêque pour le désavouer (2); il ne s'en trouva point pour le féliciter.

Désormais, le besoin, instinctif chez les catholiques, d'être tous du même avis, agissait puissamment; les plus pacifiques curés de Paris, ceux-là mêmes qui avaient le plus blâmé la rébellion, montaient en chaire pour saluer les héros de la résistance.

Encore aujourd'hui, la plupart des catholiques, dans leur for intérieur, déplorent et réprouvent ces tumultes, mais déjà ils n'osent plus élever la voix; ils refont ce qu'ils ont

(1) N° du 6 février 1906, édition semi-quotidienne. On trouvera à l'Appendice la seconde moitié de cet article (voir ci-après, p. 119).

(2) On trouvera, à l'Appendice, le texte de la note officielle de Mgr Dubillard, évêque de Quimper et de Léon (p. 119, n. 2).

fait au jour de l'aventure Taxil et de l'affaire Dreyfus : ils se laissent conduire par les violents.

Cette fois pourtant, l'honneur est sauf, grâce en particulier à M. l'abbé Lemire, député du Nord, auquel je me permets d'adresser un très respectueux salut. Dans la séance du 8 mars, il a reconnu, avec une entière franchise, tout ce qu'il y a d'agitation factice, malsaine et même criminelle, dans les troubles organisés à propos des inventaires.

C'est « le régime de la Terreur » qu'une bande de factieux fait peser sur les catholiques. « Régime de la Terreur », le mot n'est pas de nous, il est du très catholique Directeur du *Sillon*, M. Marc Sangnier. « Ce qui nous attriste, dit-il, plus que les odieux propos du *Jaune* et de l'*Autorité*, c'est la pusillanimité de plusieurs que dégoûtent, comme nous, les procédés honteux d'une certaine presse qui se prétend, et que les anticléricaux se hâtent de proclamer catholique, et dont les violences inconsidérées ont fini par en imposer aux hommes les plus excellents et jusqu'à certains prêtres eux-mêmes. Voilà trop longtemps que dure, dans les milieux catholiques, cette sorte de régime de la Terreur (1). »

(1) *L'Éveil démocratique* du 18 février 1906. Ce même numéro raconte longuement un Meeting organisé, le 9 février, par M. Marc Sangnier et le *Sillon*. Il s'agissait de protester contre la Séparation, et en même temps de grouper les catholiques de bon sens, décidés à ne protester que par des moyens légaux. M. Sangnier fit un splendide discours, préconisant la soumission à l'autorité religieuse et la conquête de l'opinion publique par les méthodes d'amour. Pour raconter ce qui se passa alors, je vais transcrire purement et simplement le récit de l'organe *Sillonisle*.

« Il convient de reconnaître que M. Vatrin, qui prit la parole après M. Sangnier, a fait preuve, quant à lui, d'un courage peu ordinaire : celui de dire ce qu'il pense et d'aller jusqu'au bout de sa pensée. Aussi bien, ses déclarations pour très navrantes qu'elles soient — surtout si elles traduisent, comme il est à craindre, le sentiment de plus d'un parmi ceux qui se réclament du christianisme — ne manquent pas d'un vif intérêt.

La Saint-Barthélemy de demain.

M. Vatrin commence par célébrer le grand empereur Charlemagne qui ne craignait pas « de ne pas employer que la croix pour *imposer* le baptême » et les « admirables guerres de religions qui ont déli-

Il faut être reconnaissant à M. Marc Sangnier d'avoir ainsi parlé, mais son désir de

vré la France de l'hérésie. » « Est-ce que, je vous le demande, ajoute le contradicteur, toute la France chrétienne n'applaudirait pas si, en une seule nuit, on exterminait tous les sectaires et les francs-maçons?... » De bruyantes protestations couvrent aussitôt ce langage. Mais avec sang-froid M. Vatrin continue :

« La Saint-Barthélemy fut une nuit splendide pour l'Église et la Patrie... Nous devons prendre l'Église dans son ensemble ou la rejeter entièrement... Je suis partisan des mouvements de violence, c'est pour cela que je dis qu'il n'appartient pas au Pape de les diriger... Or, que vous le vouliez ou non, il y a là une question politique : il s'agit de donner à la France un gouvernement catholique... J'estime donc qu'il n'appartient pas au clergé de se mêler de ces questions. Le Pape n'a pas parlé et s'il parlait il ne pourrait que conseiller le calme; mais il n'a pas parlé, donc il nous approuve. »

Après avoir remercié le contradicteur de sa franchise, Marc Sangnier répond :

« On nous a donc dit qu'à côté de l'action des prêtres qui est une action de paix, de douceur et de bienfaisance, il y avait l'action des citoyens catholiques de France, action qui doit être dirigée par des laïques et qui a nécessairement un caractère politique puisqu'il s'agit de donner à la France un gouvernement qui ne persécute pas les catholiques mais, au contraire, respecte et encourage leurs droits

disculper les catholiques ne l'entraîne-t-il pas bien au delà de la stricte constatation des faits? Les anticléricaux ont-ils quelque chose à se reprocher, lorsqu'ils proclament catholique « une certaine presse », c'est-à-dire la presse de haine et de guerre civile? J'ai donné, il y a un instant, une liste des journaux catholiques de Paris. Je ne l'ai pas dressée moi-même, puisque je l'ai empruntée à l'*Annuaire du Clergé de France*. En suis-je la cause, si l'Eglise est déconsidérée par les journaux mêmes qu'elle reconnaît pour les siens?

Et M. Marc Sangnier lui-même, que ferait-il, si le pape — *quod absit!* — donnait raison

légitimes. Mais dès lors, si le mouvement des Eglises a ce caractère politique et si c'est le prélude d'une bataille qui doit aboutir à de nouvelles Saint-Barthélemy, je vous réponds qu'en face de toutes les églises, vous nous trouverez non pas avec vous mais contre vous (*Vifs applaudissements.*) Je veux relever encore une expression dont mon contradicteur s'est servi et je déclare — j'en prends à témoin tous les prêtres ici présents, qu'ils soient royalistes, bonapartistes, réactionnaires ou démocrates chrétiens — que dire qu'on peut imposer le baptême par la force, c'est une hérésie (*Nombreuses marques d'approbation; applaudissements prolongés*).

à « une certaine presse » ? Evidemment, il croit cela aussi impossible que moi, mais pourtant déjà il nous annonce qu'il suivra le pape jusqu'au bout. Et je n'y vois aucun inconvénient, mais alors que deviendra le fameux argument de l'apologétique contemporaine, à savoir que le catholique est libre dans ses opinions politiques, que sa soumission à Rome ne concerne que les questions de foi ou de morale ?

Plus a été vigoureux et sincère l'élan de foi et de bravoure avec lequel M. Marc Sangnier a cherché à prouver que l'Eglise ne faisait pas un seul corps, une seule âme et un seul cœur avec les partis de réaction, plus éclatante serait la déroute si, par malheur, une parole venue du Vatican l'obligeait à aller combattre dans les rangs de ceux dont les procédés honteux le « dégoûtent » !

Quelque graves que soient les faits extérieurs qui encombrent les colonnes de nos journaux, que sont-ils auprès des tragédies intérieures qui doivent se dérouler dans tant de cœurs qui ont cru éperdument qu'ils pourraient servir à la fois l'Eglise et la Liberté.

Malgré tout, je veux espérer que quand la voix de Pie X s'élèvera de nouveau, ce ne sera pas pour fermer à tout jamais la porte encore entrebâillée.

Il a condamné la loi, mais déjà cette loi lui a permis d'écrire, dimanche dernier, 25 février, une des pages les plus importantes de l'histoire de la papauté. Le sacre de quatorze évêques français par le pape est la conséquence, normale et prévue, de l'indépendance que Rome a reconquise, aussi bien que l'Etat.

Le S. Siège jugera, sans doute, que profiter si vite et si largement de la loi, c'est s'engager moralement à en accepter les inconvénients en même temps que les avantages, et à en faire l'essai loyal.

4 mars 1906.

Depuis que les pages qui précèdent ont été écrites, une voix autorisée s'est élevée pour montrer aux catholiques la voie à suivre, s'ils veulent ne pas compromettre une fois de plus la cause de l'Eglise avec celle d'un parti politique.

Dans son mandement pour le carême de 1906, Mgr Lacroix, évêque de Tarentaise, a rappelé à ses diocésains des principes qui ne sont certes pas nouveaux, mais que la grande majorité des catholiques pratiquants a si bien perdus de vue qu'en fait on pourrait les croire périmés. En voici de larges extraits :

« Combien y a-t-il de citoyens vraiment dignes de ce nom, c'est-à-dire qui soient parfaitement au courant du mécanisme de la Constitution et qui aient été façonnés, de longue main, à la pratique de leurs devoirs et de leurs droits à l'égard de l'État ? Victimes de leur inertie ou des préjugés de leur milieu, ils ne savent ni jusqu'où s'étendent leurs devoirs ni jusqu'où vont leurs droits, et ils ne remplissent les uns et n'usent des autres qu'au hasard, au petit bonheur pour ainsi dire, suivant leur intérêt ou leur caprice du moment, sans prendre soin de subordonner leurs paroles et leurs actes à certains principes directeurs qui constituent la morale civique. Ils sont citoyens, oui, en ce sens que leur nom figure sur les listes électorales ; mais ils n'ont ni la connaissance des affaires, ni le goût des problèmes politiques, ni même cette habitude de réfléchir et de raisonner qui est la marque du bon sens ; et, par suite, ils sont fatalement condamnés à être les dupes des charlatans et des exploiteurs. Quand même ils en auraient le sincère désir, ils sont incapables d'influer d'une façon utile sur les destinées de leur commune, encore moins sur celles de la patrie. Ce ne sont en définitive que des citoyens honoraires, — assez semblables par leur nonchalance et leur défaut d'instruction à tous ces catholiques, qui se croient des chrétiens parce qu'ils sont baptisés, mais qui ne savent à peu près rien de la religion du Christ.

« Notre faute, notre très grande faute, il faut avoir le courage de le dire, a été de ne pas comprendre, dès le début de la République, qu'on ne se met pas en travers de la volonté de la Nation. Nos hésitations, nos critiques souvent dépourvues de justice, nos aspirations et nos rêves en vue d'une restauration où, nous semblait-il, le sort de l'Église eût été plus heureux parce qu'elle aurait été plus protégée, enfin certaines alliances compromettantes avec des fauteurs de guerre civile : tout cela nous a été funeste, tout cela nous a frappés d'impopularité, tout cela a détaché de nous les masses laborieuses ; et, à mesure que la République devenait plus forte, l'Eglise a été plus combattue, ses anciens privilèges ont été supprimés un à un, ses libertés ruinées, et ses établissements d'enseignement et de charité, dépossédés de leur personnel et de leurs ressources, ont été voués pour la plupart à la décadence, sinon à une totale destruction.

. . . .

Les volontés de l'État, traduites par des lois légitimement faites et promulguées, exigent de notre part obéissance et respect. Mais quand l'Etat, sortant du domaine qui lui est propre, entreprend de violer nos droits, de porter atteinte à des privilèges qui nous viennent de Dieu lui-même, la conscience nous fait un devoir de lui résister.

« Ici, il importe de préciser ; car je ne voudrais pas qu'on me fît dire ce qui est exactement le contraire de ma pensée.

« Parmi les lois, il en est qui, manifestement, tendent au bien public. Devant celles-là, aucune hésitation n'est permise : nous n'avons qu'à obéir. Telle est, par exemple, la loi militaire. La patrie demande à ses fils deux ou trois ans de leur jeunesse pour les mettre en mesure de protéger la frontière contre une injuste agression ; ils doivent faire joyeusement le sacrifice qui leur est demandé et au besoin risquer leur vie sur les champs de bataille pour la défense du drapeau.

. . . .

« Enfin, mes bien chers Frères, il est une dernière catégorie de lois que j'appellerai *mixtes*. Elles ne vont pas directement à l'encontre de la conscience ; elles ne nous prescrivent rien qui soit formellement opposé à la volonté de Dieu ; elles ne nous acculent ni à l'idolâtrie, ni au schisme, ni à la violation d'aucun précepte divin. — Mais elles ont été inspirées par la haine de notre religion ; les législateurs, en les faisant, ont obéi à des mots d'ordre de guerre ; certains articles de ces lois suppriment d'anciens privilèges auxquels nous étions accoutumés ; certains autres nous lèsent dans nos droits acquis ; quelques-uns même vont jusqu'à la spoliation des biens de nos églises ; bref, nous sommes indignés contre de telles lois, parce qu'elles sont l'œuvre de nos adversaires et que nous sentons qu'elles ne sont que le prélude d'autres vexations et d'autres violences.

« En face de telles lois, quelle doit être notre attitude ? Notre devoir est-il de résister par la force ou de subir lâchement le joug de nos oppresseurs ?

« Ici nous touchons au nœud de la question : je vous demande de peser avec soin tous les termes de ma réponse et d'y conformer pratiquement votre conduite.

« Devons-nous résister par la force ? — Non !

« Devons-nous courber la tête et nous résigner à notre sort ? — Pas davantage !

« Et d'abord, il ne convient pas que nous opposions la force à l'exécution de lois que nous jugeons *mauvaises*. Les paroles célèbres : « *Non possumus!* » — « Il vaut mieux obéir à Dieu qu'aux hommes » et d'autres semblables, dont on abuse un peu en ce moment, ne s'appliquent qu'aux lois qui portent directement atteinte à la conscience. C'est exagérer que d'en étendre l'application aux lois simplement mauvaises, j'entends celles qui ne font que nous léser dans nos intérêts. Pour celles-ci, quoi qu'il en coûte à notre amour-propre, le mieux est d'obéir, — d'abord pour ne pas nous poser en révoltés contre la Patrie, et ensuite parce que c'est plus conforme à la saine raison et aussi à la tradition chrétienne.

« Ecoutez d'abord le langage de la raison, dans la bouche du plus grand philosophe de l'antiquité.

. . . .

« S'il vous fallait, mes bien chers Frères, un exemple plus récent et présentant plus d'analogies avec la situation compliquée et douloureuse qui nous est faite aujourd'hui, je vous citerais une page de M. Emery, l'éminent supérieur de Saint-Sulpice.

« C'était en 1796. Un décret avait paru, qui exigeait du clergé une déclaration de soumission aux lois. Comme aujourd'hui, les uns étaient pour la soumission, les autres pour la résistance. Consulté sur ce qu'il fallait faire, le vénérable M. Emery répondit par les considérations suivantes qui sont un monument de sagesse et de sens politique :

« 1o La soumission est opposée à la révolte. Or, les bons catholiques ne se révoltent contre aucune loi de la République, quelque blâmable qu'ils la supposent dans l'ordre civil ou dans l'ordre de la religion.

« 2o La soumission aux lois de l'Etat ne regarde proprement que les lois civiles et politiques, et si elle s'étend encore aux lois religieuses, ce n'est que dans leur rapport à l'ordre civil, et au fond, on ne s'engage à cet égard qu'à ne pas troubler l'ordre public.

« 3o La soumission aux lois n'emporte point l'approbation de ces lois ; on peut être fort soumis à des lois très injustes. Elle n'emporte pas même l'approbation du gouvernement auquel on est soumis, quoiqu'on le juge très tyrannique ou très peu fait pour opérer le bonheur du peuple. Prenons pour exemple la loi du divorce. Je suis soumis à cette loi, c'est-à-dire que je n'emploie pas la violence pour empêcher qu'on l'exécute ; mais cela n'empêche pas que je dise ouvertement que cette loi est contraire aux bonnes mœurs et à l'Évangile. Cela n'empêche pas que si un homme s'adresse à moi pour obtenir les secours de la religion, je ne lui dise, s'il a divorcé et épousé une autre femme, qu'il doit commencer à reconnaître et pleurer sa faute, renvoyer la seconde femme et reprendre la première... Est-ce que la loi du divorce n'a pas été en vigueur pendant plus de quatre ou cinq cents ans, sous les empereurs romains, depuis même leur conversion au Christianisme? Et cependant les chrétiens ne faisaient-ils pas tous profession d'être soumis aux lois de l'empire (1)? »

Si la tradition chrétienne, d'accord avec la sagesse païenne, nous interdit de nous mettre en révolte contre les lois de notre pays, s'ensuit-il que nous devions courber la tête et accepter docilement toutes les chaînes qu'il plaira à nos adversaires de forger contre nous?

A Dieu ne plaise, mes Frères, que je vous tienne un si humiliant langage! Je veux, au contraire, réveiller toutes les énergies de vos âmes, — non pas pour vous pousser à de bruyantes protestations toujours stériles, et même coupables quand elles tournent à la violence contre les exécuteurs irresponsables des lois — mais pour vous faire comprendre que des citoyens résolus et ayant conscience de leurs droits, usent d'autres moyens pour faire triompher la justice et la liberté.

Depuis vingt-cinq ans, je le sais, des lois ont été faites, en France, qui toutes ont été dirigées contre la religion catholique. Nous avons vu abolir, l'une

---

(1) *Vie de M. Emery, neuvième supérieur du Séminaire et de la Compagnie de Saint-Sulpice.* Paris, A. Jouby, 1881, t. I, p. 370-89.

après l'autre, toutes les survivances d'un passé où l'Eglise et l'Etat mettaient en commun leurs efforts et leurs ressources pour le bien du pays. Loi scolaire, loi sur le service militaire imposé aux clercs, lois de laïcisation des hôpitaux, loi supprimant, dans les prétoires, l'image du crucifié, lois sur les fabriques et les pompes funèbres, lois contre les congrégations religieuses, loi de séparation : enfin elle serait longue et douloureuse, si je voulais la faire complète, la nomenclature de toutes les mesures législatives prises contre nous. J'ai beau chercher : je ne trouve pas une seule de nos institutions, pas une seule de nos œuvres qui n'ait été atteinte par ce débordement de haine anticléricale ; je ne trouve pas non plus un seul de nos religieux, une seule de nos religieuses, un seul de nos prêtres qui n'ait eu à souffrir dans ses intérêts privés et dans la fidélité à sa vocation. J'en connais même, de ces âmes simples et naïves, chez qui les derniers événements ont provoqué des drames intimes d'une tristesse poignante, et je tremble que tant de ruines et de larmes ne pèsent lourdement dans la balance de la justice divine!...

Mais au lieu de vous répandre en vaines doléances et en récriminations stériles, veuillez considérer que les lois défectueuses, mauvaises, injustes même, peuvent être corrigées, amendées ou abrogées et que vous avez le droit, je ne dis pas assez, que vous avez le devoir de vous y employer de toutes vos forces.

Mais par quels moyens ? — Par la libre discussion, par la parole, par la plume, par ce que les Anglais appellent une « agitation légale », c'est-à-dire par un appel actif et incessant à la conscience publique. Après tout, vous êtes citoyens, membres d'une démocratie, en possession par conséquent d'une part de la souveraineté nationale. Ce que des législateurs ont fait en votre nom, d'autres peuvent le défaire, si vous leur en donnez le mandat. Certes, vous avez pour vous la raison et le droit. La cause de la liberté finira donc par triompher, si vous savez en être les serviteurs dévoués.

A l'œuvre donc, mes bien chers Frères ; usez de votre influence pour éclairer les ignorants, raffermir les indécis et encourager les trembleurs. Montrez à tous qu'il s'agit, cette fois, de l'existence du christianisme en notre pays et que l'heure n'est plus aux illusions ni aux chimériques espoirs. Vous avez en mains l'arme de la victoire, l'instrument des réparations nécessaires, je veux dire : l'exercice de vos droits de citoyens ; c'est de quoi il me reste à vous entretenir.

L'accueil enthousiaste fait par toute la gauche à ces paroles épiscopales a montré, une fois de plus, que ce que toutes les fractions de la démocratie française détestent chez les catholiques, ce n'est pas le dogme, c'est uniquement l'attitude politique.

Par contre les organes du parti clérical n'ont pas hésité à attaquer le vaillant évêque avec la dernière violence. *La Libre Parole* a mis en opposition Pie X et Mgr Lacroix.

Que va-t-il se passer ? La question est posée avec une netteté parfaite.

Dans les siècles où l'Eglise était moins centralisée, où les églises nationales et le corps épiscopal avaient encore une sorte d'indépendance, la solution de questions de ce genre aurait pu être élaborée lentement, on aurait pu procéder à des études, des essais, des épreuves. Aujourd'hui il n'en est plus ainsi, et si l'omnipotence pontificale a ses avantages, elle a aussi ses périls.

Les pères du Concile du Vatican, malgré leur clairvoyance, ne se doutaient pas du terrible instrument qu'ils mettaient entre les mains du pape, en proclamant son infaillibilité.

Les choses en sont à ce point, que l'avenir du catholicisme est vraiment suspendu à une parole de Pie X.

Les affaires de France ne sont qu'un épisode. En acceptant ou en refusant les associations cultuelles, le pape décidera une question de principe infiniment plus haute, il décidera si, oui ou non, la démocratie est une hérésie.

Les catholiques du genre de Mgr Lacroix

sont certainement une minorité, et ceux du genre de M. Drumont, malgré leur tapage assourdissant, ne sont pas plus nombreux ; c'est entre ces deux minorités que le pape va juger, c'est vers cette gauche ou vers cette droite qu'il dirigera la masse des fidèles ; nous pouvons être heureux d'être spectateurs de ce grand moment historique. Il ne faut cependant rien exagérer, la situation n'est grave qu'au point de vue sentimental, car il n'est au pouvoir de personne, pas même du pape, de diriger les événements.

La France et, comme elle, bien d'autres peuples ont contracté une sorte de mariage avec les idées démocratiques. La vieille Eglise a fait tout ce qui était en son pouvoir pour empêcher cette union. Mais, maintenant que l'union est consommée, l'Eglise la bénira-t-elle ou la maudira-t-elle ?

Si l'union est bénie, la France continuera à vivre, tant bien que mal, avec l'Eglise, comme avec une mère qu'on aime et qu'on respecte, quoiqu'elle représente une génération passée.

Si l'union est maudite, l'Eglise, d'un geste

plein de grandeur aura renoncé à la place qu'elle occupait, et le jour viendra bientôt où la carte de la France catholique correspondra ponctuellement à la carte de la France illettrée. Les cantons sans routes et sans écoles seront les derniers boulevards de l'Eglise, et nos descendants verront se renouveler le phénomène qui marqua la fin de la civilisation païenne, lorsque le mot de *paganus*, paysan, prit le sens de païen. A la fin du xxe siècle, paysan deviendra synonyme de catholique (1).

14 mars 1906.

(1) Depuis quelques années, le terme d'intellectuel est considéré par certains catholiques comme la plus grosse injure qu'ils puissent adresser à leurs adversaires.

Enfin, ces jours-ci même, quelques-uns des catholiques les plus illustres, et à leur tête MM. Brunetière et G. Goyau, ayant cru devoir adresser aux évêques quelques considérations, d'ailleurs très respectueuses, sur l'essai loyal de la nouvelle loi, ont été fort maltraités par toute la presse conservatrice.

Les mêmes journaux qui félicitaient avec tant d'enthousiasme des paysans illettrés en révolte contre une loi dont ils ignorent le texte, trouvent fort mauvais que des académiciens réclament le droit de parler.

LA SÉPARATION
DES ÉGLISES ET DE L'ÉTAT

L'Europe entière se préoccupe de la crise religieuse que traverse la France à l'heure actuelle. L'Europe a raison. L'effort que nous faisons n'avait jamais été tenté. C'est une expérience nouvelle dont les autres nations pourront tirer de nombreux enseignements.

Voir dans la séparation de l'Eglise et de l'Etat, telle qu'elle se présente à nous, une mesure politique provoquée, serait une erreur complète. Si, à l'heure actuelle, des hommes politiques viennent à se vanter de l'avoir voulue, de l'avoir créée, on est en droit de leur dire qu'ils commettent une erreur de fait. Mais peut-être vaut-il mieux ne rien leur dire du tout. A quoi bon les contrister? Je connais un bambin qui, l'an dernier, avant de quitter les montagnes, s'esquiva pour aller enfouir quelques semences dans la terre. Cette année, triomphalement, il nous montre de grands sapins, et croit — ou prétend croire — que ce sont ces sapins qu'il a semés !

Ceux qui voudraient se faire passer pour les pères de la séparation sont les victimes d'une illusion analogue à celle de leurs adversaires qui s'en vont criant qu'elle a été décrétée par trois ou quatre francs-maçons, suppôts de Satan.

En réalité le mot même de séparation est tout à fait impropre pour désigner cette crise : la rupture avec Rome, la dénonciation du concordat, la suppression du budget des cultes n'en sont que les conséquences lointaines et le symbole extérieur. La France se trouve à un des moments principaux de son évolution intellectuelle, morale, religieuse ; il ne serait pas plus en son pouvoir de l'éviter qu'il n'est au pouvoir des individus d'échapper à la crise de la puberté.

Le pays entier sent cela mystérieusement. Il se recueille : un secret instinct l'avertit de se préparer. On se demande çà et là, dans la presse étrangère, pourquoi la France s'est tant assagie, pourquoi le léger Français est devenu si résolument pacifique ? L'explication vraie, profonde, physiologique, on peut dire, la voilà.

Il ne faut donc pas que ces mots, séparation des Eglises et de l'Etat, nous fassent illusion et nous empêchent de voir la gravité et la complexité des événements. S'il ne s'agissait que du budget des cultes, la France aurait pu peut-être trouver des exemples en Amérique ; mais aux Etats-Unis, la séparation n'est qu'un mot et une apparence ; aucun culte n'y est salarié, parce qu'avec l'étonnant fourmillement des églises et des sectes, on ne pouvait songer à salarier tous les clergés ; on n'en a donc salarié aucun. C'est un état de fait, une solution tout empirique d'un problème pour lequel la France cherche une solution raisonnée, logique et idéale ; c'est un résultat de l'adaptation aux circonstances, résultat peut-être provisoire, car il est permis de se demander, sans absurdité, si la mentalité impérialiste se développant là-bas, deux ou trois églises n'y absorberont pas les autres, et si le jour ne viendra pas où celles-ci entreront en pourparlers avec l'Etat, pour se faire verser la juste rétribution des services qu'elles lui rendent. En d'autres termes, aux Etats-Unis, l'Etat reconnaît toutes les églises et s'estime leur débiteur (1).

(1) Les chefs du cléricalisme français, depuis quelques mois, ont pris l'habitude de parler sans cesse des Etats-Unis comme d'un pays modèle, d'une sorte de Terre de Promission. Je n'y vois nul obstacle. Me sera-t-il pourtant permis de leur rappeler qu'il y a bien peu d'années ils parlaient tout autrement; qu'en 1899, par exemple, l'Amérique du Nord était considérée par eux comme le foyer de la plus redoutable hérésie ?

Dès que l'argument des Etats-Unis cessera d'être commode, ils reviendront à leur ancienne façon de voir, parleront avec le P. Joseph de Léonisse [La Situation religieuse aux Etats-Unis, dans les Etudes Franciscaines, d'octobre 1903, p. 353 ss.] des persécutions violentes subies là-bas par les catholiques en 1837, 1844 et 1854, et diront avec lui « qu'il suffit d'avoir vécu quelques années aux Etats-Unis pour s'apercevoir que ce pays, loin d'être la patrie de l'Eglise, *the Church's home,* est plutôt l'habitat du naturalisme maçonnique..., et que si l'esprit du siècle est devenu très favorable à certains catholiques amé-

En France, c'est tout le contraire : le pays est en train de leur signifier sa rupture avec elles. La suppression du budget des cultes n'est qu'un détail, qu'un épisode. Ce n'est pas une question de gros sous qui nous agite. En réalité, c'est l'adieu à un passé qui nous a formés. C'est une révolution religieuse qui se prépare.

***

Probablement, beaucoup de lecteurs trouveront la première partie de l'étude suivante, celle où je parle des origines de la crise, poussée au noir. Et peut-être trouveront-ils la seconde, celle qui traite de ses résultats et de l'évolution du catholicisme, empreinte d'un optimisme exagéré. Ils voudront bien m'excuser et penser que j'ai cherché à parler en historien. J'ai dit simplement, ingénument ce que je vois.

ricanisants, cela prouve que ces catholiques sont pervertis, et non pas que l'esprit du siècle est converti. »

Il me faut encore ajouter une autre indication préliminaire. Devant le parlement, il n'a été question que de la séparation des églises et de l'Etat. Je ne parlerai ici que de la séparation de l'Eglise — Eglise catholique Romaine — et de l'Etat.

En effet, s'il n'y avait eu en France que des églises protestantes et des synagogues, la question de la séparation ne se serait pas imposée si vite. La loi qui va être faite enveloppera tous les cultes unis à l'Etat, mais ce ne sera là qu'une conséquence et un contre-coup, parce que le parlement ne pouvait pas faire de distinctions et de catégories : au fond, la loi qu'il va voter a été provoquée par l'Eglise Romaine, et c'est elle surtout qu'elle vise.

Le protestantisme existe pourtant en France, et, quoiqu'il n'y soit qu'une faible minorité, il y est puissant et influent ; mais son action religieuse y est à peu près nulle. Il est méconnu parce qu'inconnu. Sans doute, si la France était protestante, la crise actuelle aurait été un peu retardée, mais dans vingt ans, dans cinquante ans, la question aurait été posée tout de même, et résolue dans le même sens.

Les circonstances amènent le parlement à ne voir guère que la rupture avec l'Eglise ; en réalité, c'est bien la rupture avec toutes les églises, et cette crise est l'aboutissement normal et nécessaire de la laïcisation démocratique.

I

Les origines de la crise.

Une remarque s'impose, dès qu'on jette un coup d'œil sur la vie de la France au XIXe siècle, c'est que si l'Etat, maintenant, se sépare de l'Eglise, l'Eglise lui a depuis longtemps signifié la séparation. Naturellement je parle ici de l'ensemble du clergé. Il y a eu des exceptions, mais elles ont été assez rares pour qu'on ait le droit de dire que, depuis 1870 en particulier, l'Eglise a inlassablement fourni les troupes envoyées à l'assaut de la République. Les catholiques n'ont pas été seulement conservateurs, ils ont été violemment, éperdument réactionnaires, prêts à s'enrôler sous n'importe quel drapeau, que ce fût celui de Boulanger ou de Drumont, pourvu qu'on leur promît de débarrasser bien vite le pays d'un régime détesté (1). Quand des prêtres se rencontrent et se demandent des nouvelles de leurs paroisses, ils ne se disent pas : « Combien avez-vous de familles pratiquant les vertus chrétiennes ? » Ils disent : « Combien d'électeurs bien pensants avez-vous ? » Or, l'électeur bien pensant est celui qui pense le moins possible, ou dont les pensées sont des

(1) La République, après 1870, a eu pour l'Eglise Romaine des prévenances qu'aucun autre gouvernement n'a eues. Au lieu d'être reconnaissante, la majorité se laissa entraîner par les violents du genre de Mgr Freppel, et le pays se vit, en 1873, sillonné de pèlerinages provocants qui se rendaient à Paray-le-Monial au cri de : Sauvez Rome et la France au nom du Sacré-Cœur !

« Quand on songe, dit M. Chaine, que, de 1871 à 1875, les catholiques étaient les maîtres de tous les postes de l'Etat, depuis celui de Président de la République jusqu'à ceux de garde-champêtre ; que l'armée, toujours zélée, des fonctionnaires de tous grades était à leurs ordres, de quelles fautes, de quelles maladresses ne faut-il pas qu'ils aient été coupables, pour s'être fait expulser, jusqu'au dernier, du pouvoir que les circonstances leur avaient donné et dont ils occupaient toutes les avenues ! »

pensées de haine et de fureur contre la République.

« Mais, va-t-on dire, ceci a pu être vrai avant la fameuse intervention de Léon XIII en faveur du ralliement des catholiques à la République, mais ce n'est plus vrai à l'heure actuelle. »

Je réponds que les instructions pontificales n'ont eu aucun résultat sur les dispositions intimes des catholiques.

Léon XIII fut-il mal compris, trahi par les cléricaux français ? Ce serait trop long de l'examiner ici. Ce qui est sûr, c'est que cette intervention eut un résultat diamétralement opposé à celui que le pape désirait : l'abîmé ne fit que s'élargir entre le catholicisme et la démocratie.

Les ralliés, en effet, s'étaient imaginé, avec une naïveté frisant l'inconscience, qu'il leur suffirait d'accepter le mot de République, d'arborer le drapeau tricolore et de souffrir le chant de *la Marseillaise*, pour que la démocratie leur fît fête et se trouvât très honorée de les prendre pour chefs. Mais la démocratie se montra prudente et pria ces amis inattendus de faire un apprentissage, un noviciat, de donner des preuves de leur attachement. L'instant d'après, ils avaient disparu. Il serait facile, aujourd'hui, de retrouver le nom de beaucoup de ces républicains d'un jour mêlé aux entreprises les plus louches ou les plus saugrenues contre la République (1).

Les gens qui se réclament bruyamment de leur qualité de catholiques ont sans doute des « vertus surnaturelles » très appréciées de leurs directeurs spirituels ; mais, dans cette

(1) Les défenseurs attitrés de l'Église ne se lassent pas de répéter que la liberté du catholique est illimitée pour tout ce qui n'a pas été défini par le magistère infaillible, et pour tout ce qui ne concerne ni la foi ni les mœurs.

Or, en fait, ces apologistes eux-mêmes sont les tout premiers à agir comme des gens ayant le besoin, la nostalgie de la soumission. Il y a trois ans, se fonda une société dont presque tous les membres étaient des prêtres. Rome, mal informée par des zelanti jaloux, invita les ecclésiastiques à s'en retirer, et motiva sa décision sur les renseignements erronés qu'elle avait reçus. Les prêtres se retirèrent. Il ne vint à aucun d'eux l'idée de dire au cardinal Rampolla : « Votre condamnation est basée sur une erreur de fait. »

aventure, comme dans beaucoup d'autres, ils ont montré un manque de tenue intellectuelle et morale dont le pays a été profondément impressionné (1).

Ce qui rend la mentalité cléricale si antipathique à la démocratie française, ce n'est pourtant pas qu'elle soit conservatrice et réactionnaire. Cela on le lui pardonnerait, si chez elle les idées réactionnaires étaient le fruit d'une conviction profonde, sincère, vécue. Mais non, les cléricaux français appliquent aux choses de la politique la notion de la foi d'autorité à laquelle ils sont habitués dans les choses religieuses. Ils veulent croire. Ils se félicitent de leur foi aveugle, en font une vertu, et le moment vient où, d'instinct, ils se tournent vers Rome pour en recevoir le mot d'ordre (2).

(1) Sur l'attitude des catholiques français depuis 1870, il faut lire les œuvres des abbés Naudet et Dabry, en particulier : *Pourquoi les catholiques ont perdu la bataille?* de l'abbé Naudet (Paris, in-18, 1904), et *Les Catholiques républicains,* par l'abbé Dabry (in-18, Paris, 1905).

(2) Il n'est certes pas aisé de faire un portrait

Rome, comme la plupart des oracles, donne des réponses fort embrouillées, mais donnât-

exact du clérical français ; il est avant tout réactionnaire ; de plus, il est toujours sur le chemin de Rome, pour y aller ou en revenir. Mais ici il faudrait distinguer les cléricaux sincères qui acceptent vraiment les directions pontificales et les cléricaux farceurs qui se font un jeu de les travestir. Ce sont des cléricaux français qui ont prié pour la conversion de Léon XIII et du cardinal Rampolla ! Et encore aujourd'hui, quelques-uns de leurs chefs ne parlent du prédécesseur de Pie X que sur le ton du plus parfait dédain : « Ce pauvre Léon XIII ! » V. Baron de Mandat-Grancey : *Le Clergé français et le Concordat* (Paris, in-12, 1905) p. 26, 196, 206. Par contre, ce baron est plein d'admiration pour Pie X et l'avertit que seulement quatre ou cinq évêques ont su conserver l'estime (!) des catholiques (p. 62).

M. de Mandat-Grancey n'est guère plus aimable pour les congréganistes : « Les généraux et autres chefs des ordres religieux ont été encore au-dessous des évêques. Ils n'ont su ni prévoir l'orage, ni manœuvrer pendant qu'il a duré, ni même mourir avec dignité. » (*Loc. cit.*, p. 138.) Tout cela, parce que évêques et généraux des ordres religieux n'ont pas mené assez vivement la campagne contre la République, que ces pieuses gens, dans leur argot, appellent « la gueuse ».

Je n'ai pas à m'étendre ici sur les querelles entre catholiques réfractaires aux directions de Léon XIII et catholiques ralliés. Devant le grand public les deux partis s'efforcent d'observer une certaine tenue,

elle toujours, directement ou indirectement, les conseils les plus efficaces, à leur retour, ceux qui l'ont consultée ont perdu, dans ce voyage réel ou idéal, leur qualité de citoyens.

Nous sommes ici à l'origine profonde du conflit entre l'Etat et l'Eglise, conflit qui aurait pu éclater quelques années plus tôt ou plus tard, mais qu'aucune habileté, aucune mesure politique ne pourrait écarter pour longtemps. Le citoyen, d'après la conception des Français actuels, ce n'est pas l'électeur, ce n'est pas même le soldat prêt à verser son sang pour la patrie ; pour faire le citoyen digne de ce nom, il faut quelque chose de

mais de temps en temps l'orage éclate. Voir par exemple *l'Osservatore Romano* (journal officiel du S. Siège), n° du 24 février 1901 ; on y trouvera un long article où *la Vérité Française* est fustigée impitoyablement. Le journal pontifical y relève un article « tissu d'assertions gratuites et malignes, d'affirmations qui sont en opposition parfaite avec le nom glorieux inscrit en tête de ce journal, et où les insinuations perfides sont entremêlées de calomnies ». Il termine en disant que la défaite politique des réfractaires est « la conséquence de leur cécité et de leur obstination ».

plus profond et de plus intime: un effort personnel et viril pour voir clair, se conquérir une opinion et agir après cela en conséquence.

Cet effet peut avoir des résultats plus ou moins heureux ; il sera complet, parfait chez les uns; pressenti seulement chez les autres ; mais, pleinement réalisé ou simplement esquissé, il suffit pourtant à transformer un individu, à en faire un homme nouveau.

Il n'y a donc pas en France deux partis campés en face l'un de l'autre, mais deux conceptions antithétiques de la vie. Une lutte si profonde n'a encore été vue dans aucun pays. Les philosophes diraient peut-être que les systèmes de l'immanence et de la transcendance sont aux prises ; un spectateur, même distrait, dirait qu'il y a, d'un côté, une civilisation qui est en train de poindre, de l'autre, une civilisation qui est en train de mourir.

Ici il faudrait distinguer soigneusement entre cléricaux et catholiques ; il y a, en effet, un groupe de catholiques qui ne songent à s'adresser à l'autorité que pour les choses religieuses. Nous les retrouverons plus loin, et on verra quel avenir est réservé, je crois, à cette minorité. Mais ce n'est, pour le moment, qu'une avant-garde; et, puisque j'envisage la situation actuelle, je dois constater qu'aux yeux du clérical, le catholique indépendant est une sorte de monstre, et qu'aux yeux du grand public catholicisme et cléricalisme sont synonymes.

Cela étonnera peut-être, mais la politique de Léon XIII, bien loin d'amener un rapprochement entre l'Eglise et la démocratie, a eu des résultats tout contraires. Elle a fait éclater l'antithèse.

Je ne m'occupe pas ici de sonder les intentions du pontife, mais il faut constater un fait étrange, c'est que les organes les plus bruyants du parti clérical se rencontrèrent alors un instant avec ceux de l'anticléricalisme militant, pour déclarer que le pape, bien loin de vouloir aiguiller le catholicisme vers des horizons nouveaux, faisait une manœuvre destinée à tourner la place et à conquérir la République. Le grand public, qui ne pouvait pas se rendre à Rome et demander au pape sa pensée de derrière la tête, fut bien obligé de s'en remettre à *la Croix* et à *la Vérité Française*, pour l'interprétation des directions pontificales.

Mais admettons que ces discussions n'aient pas eu lieu, que l'insincérité de Rome n'ait pas été proclamée par ceux-là mêmes qui se disaient chargés de transmettre ses directions; supposons non seulement que Léon XIII ait voulu un ralliement vrai, sincère, désintéressé; imaginons de plus que ses instructions aient eu un plein succès : l'effet produit sur l'opinion publique en France n'aurait guère été différent. La démocratie est jalouse. Une approbation la choque tout autant qu'une improbation, car celui qui l'approuve s'arroge des droits sur elle, et voilà ce qu'elle ne saurait admettre.

Il y eut un frisson d'étonnement, jusque dans les campagnes les plus reculées, lorsqu'en 1893 on vit des curés, qui, l'année précédente, avaient refusé les clefs de l'église pour pavoiser le jour de la fête nationale du 14 juillet, non seulement tolérer le drapeau tricolore à la cime du clocher, mais encore en placer des faisceaux autour du maître-autel et chanter une messe pour la République.

Ce brusque changement d'attitude a grandement contribué à déconsidérer l'Église, car il a mis en relief l'incompatibilité qu'il y a entre la notion cléricale du citoyen et la notion démocratique. Lorsqu'avant Léon XIII la démocratie attaquait le cléricalisme, ce n'était pas parce qu'il a telles ou telles idées, mais parce qu'il a des convictions reçues et non conquises; et voici que Léon XIII remontait le mécanisme de transmission! Cette fois, il est vrai, le mécanisme porta d'aimables nouvelles, mais qu'importe? C'est de ce mécanisme que la démocratie ne veut pas.

Les efforts de Léon XIII n'ont donc eu aucun succès. La plupart des citoyens français ont pensé que si lui, pontife dont on célébrait le libéralisme et l'intelligence, dictait à ses fidèles leur conduite politique, c'est que l'Église ne peut pas s'empêcher de sortir du domaine spirituel. Quand bien même le pape serait en mesure de nous envoyer un système politique parfait, un corps de fonctionnaires irréprochables, la démocratie française n'en voudrait pas, parce qu'à tort ou à raison elle veut se diriger elle-même, vivre *sa* vie. Elle n'ignore pas que l'entreprise est rude, le succès incertain, mais cette volonté est devenue chez elle un instinct, contre lequel elle ne saurait réagir.

La démocratie se dédira-t-elle, rebroussera-t-elle? C'est comme si l'on demandait au jeune homme qui, dans la force et la fierté de ses vingt ans, a quitté la maison paternelle, s'il pourra jamais redevenir un petit garçon bien obéissant.

***

Cette tendance qu'ont les cléricaux français de s'inspirer, dans leur conduite politique, des conseils de l'autorité ecclésiastique, n'a pas seulement pour résultat de les isoler du reste de la nation, elle leur cause un autre préjudice presque aussi grave : habitués à la soumission, ils ne peuvent pas comprendre chez les autres une attitude différente. L'impérieux besoin qu'a le républicain de son autonomie civique n'est pas seulement pour le clérical un sujet d'étonnement et de scandale, c'est une impossibilité. C'est un miracle ; et lui, qui croit à Lourdes et à la Salette, devient, devant ce phénomène, d'une incrédulité que rien ne peut vaincre. Vous êtes en conversation avec lui ; vous lui exposez tranquillement votre point de vue ; tout à coup il vous arrête brusquement : « Pourquoi avez-vous cette opinion ? » Vous vous efforcez alors de lui exposer vos arguments, de lui raconter la genèse de votre propre pensée. Peine perdue, il ne vous écoute pas ; mais, s'il est intime avec vous, il vous saisira les deux mains et s'écriera sur un ton d'affectueux reproche : « Voyons, mon bon ami, ne cherchez pas à m'en faire accroire, je vois que vous savez très bien votre leçon, mais de grâce avouez-moi le mot d'ordre. Nous sommes mieux renseignés que vous ne croyez. Nous savons que les loges et les arrière-loges ont leur plan. »

Toutes les dénégations que vous pourrez

lui opposer ne serviront de rien. Tout homme qui n'est pas clérical appartient, pour lui, à quelque ténébreuse secte révolutionnaire, où le mensonge est un devoir. Votre parole n'est pour lui d'aucun poids.

Une mentalité de ce genre coupe tous les ponts, et empêche toute conversation suivie avec ceux qui en sont atteints.

Là est, je crois, une des raisons les plus profondes de la crise actuelle, ce qui en fait l'importance et la nouveauté.

Mais à côté de ces motifs, empruntés à l'évolution même de la pensée démocratique arrivant à sa majorité, il y a eu d'autres causes qui ont précipité les événements.

En 1882, sous le ministère de Jules Ferry, la France avait donné un avertissement à l'Eglise. Peut-être les catholiques auraient-ils alors agi sagement, si au lieu de faire des cérémonies d'expiation et de voir l'intervention miraculeuse du bon Dieu dans la mort de quelques commissaires de police ou de quelques huissiers, obligés d'instrumenter contre les couvents, ils eussent essayé de comprendre les mesures qui leur causaient tant d'émoi.

Mais non, les congrégations crurent à un accès de colère, à peu près comme l'homme qui, constatant une saute barométrique, ne songerait même pas à y chercher une indication pratique. Chassées par la porte, les congrégations revinrent par les fenêtres, par toutes à la fois! Elles pullulèrent, achetèrent des champs, des maisons, créèrent des ateliers. Tout d'abord, cela s'était fait avec quelque hésitation, on ménageait quelques apparences; mais dix ans après, les moines avaient tout oublié : non seulement ils allaient et venaient en toute liberté, mais ils prenaient des attitudes de vainqueurs et mettaient une sorte de coquetterie à braver l'opinion publique.

Les plus hardis dans cette voie furent les Pères Augustins de l'Assomption ou Assomptionnistes. La lassitude manifeste et l'indifférence avec lesquelles la France, vers 1890, accueillait les formules stéréotypées de l'anticléricalisme vulgaire leur fit illusion. Ils crurent que l'heure était venue, que tout leur serait permis et possible. Ils traitèrent la France en pays conquis.

Tout à coup, le pays s'aperçut qu'une misérable petite feuille, à laquelle, pendant de longues années, on n'avait fait aucune attention, pour laquelle on n'avait eu que pitié et dédain, était en train de conquérir une des premières places dans la presse, par l'importance de son tirage. Dans les pauvres journaux de province qui tirent à quelques centaines d'exemplaires, on n'avait jamais rien vu d'aussi vide, d'aussi vulgaire que *la Croix*. Visiblement, les rédacteurs s'appliquaient à se mettre au niveau des mentalités les plus frustes, les plus incultes, non pour les amener à un niveau plus élevé, mais pour les flatter. Ce qui fit le succès immense de ce journal, ce ne fut pourtant point cela, ce fut la haine qui coulait à pleins bords dans ces colonnes au haut desquelles était l'image du Crucifié du Calvaire (1).

(1) Les Assomptionnistes n'ont pas été les seuls à voir dans la moquerie haineuse la meilleure des armes pour combattre leurs adversaires. Le groupe bien plus modéré de l'*Action libérale populaire*, de

Une partie du clergé français vit bien le préjudice moral énorme que *la Croix* allait causer au catholicisme, mais ces clairvoyants étaient une minorité ; ils n'osèrent pas protester trop haut, et sachant que les Assomptionnistes ne pardonnaient pas à leurs contradicteurs, ils gémirent en silence.

Après avoir fait semblant de servir le clergé séculier, les gens de *la Croix* le domestiquèrent. Ils avaient compris le parti immense qu'ils pourraient tirer des cadres ecclésiastiques concordataires. Toute la hiérarchie catholique, depuis les évêques jusqu'aux plus humbles vicaires et aux enfants de chœur, fut considérée par eux comme leur administration naturelle et gratuite. Bientôt il se trouva ainsi, dans chaque commune de France, cinq ou six personnes pourvoyant *la Croix* d'abonnés et de nouvelles. « Zélateurs et zélatrices » s'acquittaient de leur mission avec un succès mer-

M. Jacques Piou, adopte la même méthode. Il a publié, pour 1905, un Almanach répandu à profusion. On y verra, d'un coup d'œil, le ton ordinaire de la polémique cléricale.

veilleux, mais bien naturel, si on réfléchit que chacun d'eux connaissait parfaitement son milieu. Passés maîtres dans l'art d'organiser la réclame (1), les Assomptionnistes arrivèrent

(1) Comme échantillon de leur habileté réclamiste, qu'il me soit permis de reproduire intégralement un article qu'on peut lire à la première page de la *Croix* du 7 février 1906.

REVEIL

Le réveil des catholiques, au moment des inventaires qui préludent à la confiscation, marque l'heure des énergies soit pour l'action soit pour la prière, et l'un des actes surnaturels les plus courageux, c'est assurément d'oser passer la mer pour aller prier et expier aux Lieux Saints. C'était le remède qu'indiquaient aux preux les papes du moyen âge au temps des luttes fratricides de l'Europe ; ce fut toujours le remède aux grands péchés sociaux ; ce fut toujours le soutien de la foi.

« C'est là qu'on écrasera aujourd'hui la tête de la Maçonnerie, et nous indiquons avec plus d'instances en ce moment aux hommes de foi l'acte surnaturel de passer le Vendredi-Saint au Calvaire. On a avancé la date du *départ* au *24 mars* et celle du *retour* au *26 avril* afin d'être sûrement rentrés pour le premier scrutin.

« C'est sans doute un sacrifice de temps et d'argent, mais ce sont les dépenses de cet ordre qui évitent les ruines et attirent les ressources nécessaires. D'ailleurs le Comité de Jérusalem a un secrétariat à

à faire de la « Bonne Presse » la première préoccupation des Catholiques français, l'Œuvre par excellence. Il n'y eut plus seulement *la Croix de Paris*, mais chaque région importante eut la sienne (1). On les compléta bientôt par *la Croix illustrée, la Croix du Dimanche, la Croix du Marin, le Noël* ou *Croix des Enfants, les Contemporains, la Croix des Comités, la Franc-Maçonnerie démasquée, les Questions actuelles, le Laboureur, la Ligue de l'Ave Maria, l'Œuvre électorale*, que sais-je encore (2)?... Puis, comme il fallait isoler les

Paris, 4, avenue de Breteuil, pour faciliter cette pieuse expédition. »

Peut-être n'est-il pas inutile d'ajouter, pour quelques-uns des lecteurs, que les bons Pères sont eux-mêmes les entrepreneurs de ce pèlerinage.

(1) Dans l'*Annuaire de la presse* de 1901 on relève le titre de 92 *Croix* locales, et de 101 en 1904.

(2) Pour s'imaginer combien cette organisation était efficace et compacte, il faut lire *la Croix des Comités*, où les PP. Assomptionnistes chauffaient le zèle de leurs correspondants et organisaient la bataille. Elle était accompagnée d'un supplément, « Nos Conférences, » où ces religieux donnaient à leurs amis des modèles de conférences sur les ques-

catholiques du reste de la France, les préserver des contacts impurs, il y eut toute une

tions du jour, et formaient leur mentalité. Ces Conférences furent un trait de génie.

Il ne fut pas difficile, en effet, de trouver un peu partout, et jusque dans les campagnes les plus écartées, des hommes du peuple qui furent très flattés qu'on songeât à eux comme conférenciers. On leur mettait entre les mains la petite brochure. Ils l'apprenaient par cœur, la déclamaient avec un brio rare chez des conférenciers professionnels, et, sans s'en apercevoir, devenaient des agents merveilleusement efficaces de l'Assomptionnisme.

Infailliblement, ces conférenciers bénévoles croyaient à tout ce qu'ils racontaient dans leurs harangues, absolument comme si c'eût été le résultat de travaux personnels et de vues originales.

Auraient-ils, lorsqu'ils répétaient leur leçon, rencontré une contradiction, ils auraient été incapables de la comprendre, ils ne pouvaient que recommencer avec plus de véhémence ; ce qui, devant un auditoire populaire, est le plus sûr moyen de succès.

On voit quel merveilleux instrument de perversion des intelligences était devenue la Bonne Presse. L'excès du mal arracha à un prêtre intelligent un cri d'alarme : M. l'abbé Quiévreux voulut attirer l'attention des catholiques sur une œuvre urgente entre toutes : L'œuvre intellectuelle. Sa voix se perdit dans le désert.

Rien de plus suggestif que la Table des matières de « Nos Conférences ». La diversité apparente des sujets cache mal le but, à savoir l'organisation du

éclosion de feuilles littéraires, voire même scientifiques. Enfin, comme la plaisanterie n'est pas interdite, il y eut même des caricatures et des calembours. Caricatures orthodoxes et calembours canoniques.

Que ceux de mes lecteurs qui sont curieux de pathologie religieuse parcourent la Collection du *Pèlerin*, supplément illustré de la *Croix*. Ils verront les lamentables inepties,

parti catholique. C'est une fraction du pays qui se réclame, à elle seule, du passé de la France, s'efforce de créer en politique une notion d'orthodoxie qui lui permettra d'exclure ses concitoyens.

Les sujets le plus souvent traités sont ceux de « l'Action maçonnique », « le Complot protestant », « les Syndicats agricoles », « l'Union catholique », tout cela entremêlé de conférences-réclames sur la Bonne Presse.

La France fut inondée de tracts à un sou. Voici quelques titres : *Manuel de propagande de la « Croix »*, *l'Œuvre surnaturelle (!) de la « Croix » ; Croisade d'honneur et de patriotisme ; l'Apostolat de la Presse.*

Les personnes qui n'ont pas beaucoup de temps et voudraient se faire une idée de la mentalité que répandent ces Messieurs de *la Croix* pourraient se procurer l'*Almanach du Pèlerin pour 1906*, qui vient de paraître (0,50), aux Bureaux de la Bonne Presse, 5, rue Bayard, Paris, et chez tous les libraires catholiques.

qu'en croyant servir la cause de Dieu, de son Christ et de l'Eglise, les Assomptionnistes déversent sur la France.

Enivrés par leur succès, ils y virent, sans doute, une indication providentielle, et redoublèrent d'audace. Encore quelques mois, pensaient-ils, et le pouvoir serait conquis. Ils rejetteraient dans l'Enfer (?) tous les suppôts du Diable (1), c'est-à-dire les serviteurs de la démocratie.

Pendant longtemps, la France laïque n'eut à l'égard de ces moines ligueurs qu'une indifférence frisant le mépris. On ne pouvait pas croire à l'influence profonde, réelle, d'une poignée d'agités.

Eux crurent que la France laïque était vaincue, qu'elle avait peur. Ils résolurent donc de jeter la panique dans ses rangs. Les bons apôtres du nationalisme et de l'antisémitisme, prévoyant une curée, allèrent à la messe, devinrent les fidèles alliés des Assomp-

(1) Le Diable, les démons et le satanisme reviennent dans presque tous les numéros des publications assomptionnistes.

tionnistes, et l'on vit pulluler les associations les plus étranges. C'était une sorte de France nouvelle qui se constituait dans les rangs de l'Eglise, et qui ne se gênait guère pour parler des représailles et des vengeances du jour, très prochain, où elle serait victorieuse (1).

(1) De ce que, dans les pages qui précèdent, je n'ai guère employé que des verbes au passé défini, il ne faudrait pas conclure que la *Croix* ait cessé de vivre. Jamais elle n'avait été plus bruyante, plus entreprenante qu'au début de 1906. V. Appendice, Document II.

Elle ne cesse d'avoir des trouvailles incomparables pour l'organisation de la publicité. A cet égard elle est géniale et pourrait fonder une Ecole de Réclame, où apothicaires et prestidigitateurs iraient s'initier aux méthodes nouvelles.

Parmi ses dernières créations, je ne mentionnerai que celle de l'Affiche-journal. Tandis que les autres journaux, qui ont des affiches à coller, payent fort cher des agences pour faire exécuter tant bien que mal ce travail, la *Croix* a non seulement trouvé le moyen de ne pas payer ses afficheurs, mais elle se fait payer ! Elle vend au bon et naïf catholique (7 fr. l'abonnement à la série de 14 affiches) une affiche qu'il placardera lui-même en un lieu exceptionnellement favorable et dont il surveillera la conservation avec sollicitude.

Le 16 janvier M. Paul Féron-Vrau n'a pas dédaigné d'expliquer à ses lecteurs le fonctionnement de l' « Af-

Elle se donna un drapeau, le drapeau du Sacré Cœur, qu'on vit flotter derrière le Crucifix, en tête de *la Croix*, avec ces paroles du Christ à la Bienheureuse Marguerite Alacoque : « Mon cœur veut être peint dans tous les étendards de la France, pour la rendre victorieuse de tous les ennemis de la Sainte Eglise. »

Il y eut dans le clergé bien des hommes qui virent le danger, et auxquels il répugnait profondément de voir la religion du Christ couvrant une croisade de haine et de guerre civile ; mais, terrorisés, ils n'osèrent rien dire, et les journaux catholiques les plus modérés, comme *l'Univers*, se mirent à faire campagne avec les *Croix*. Il se trouva trente-cinq évêques pour féliciter M. François Veuillot d'un ou-

fiche-journal ». J'en ai un spécimen sous les yeux. La caricature y occupe la place d'honneur, caricature si vulgaire que je ne puis même songer à la décrire.

Et voilà un des moyens sur lesquels comptent des gens qui se disent chrétiens, « pour éclairer l'opinion, dans la période si critique que nous traversons ! »

vrage qu'il intitula *le Drapeau du Sacré Cœur* (1).

« Le drapeau demandé par le Sacré Cœur à la France » opéra dès lors d'incessantes conquêtes. A Nancy d'abord, puis dans une foule de villages, furent fondées des Milices du Sacré Cœur. Enfin le 13 janvier 1901, la commune d'Auriac (Aveyron) fut solennellement consacrée au Sacré Cœur par le Maire, escorté de tout le conseil municipal. Son nom mérite d'être cité, puisqu'elle fut la première à entrer dans cette voie (2).

(1) Edité chez Toïra, 28, rue d'Assas.

(2) Le procès-verbal et l'acte de consécration furent publiés dans *l'Univers* du 10 février 1901. On y lit : « Nous, membres du Conseil municipal... à l'unanimité nous nous sommes réunis pour affirmer notre grand désir de voir le gouvernement de la France répondre aux demandes de Notre-Seigneur Jésus-Christ pour la consécration officielle de la nation au Sacré Cœur et la reproduction de son image sur le drapeau français. »

Deux ans après, *l'Univers* disait — et ses lecteurs n'en furent pas surpris — : « L'image du Sacré Cœur imprimée au milieu du drapeau français trouble décidément les sectaires. Celui (?) qui les inspire y reconnaît déjà son vainqueur (!). »

La façon bruyante dont les Assomptionnistes escomptaient déjà leur victoire attirait du reste dans leur orbite de gros bataillons d'indécis. Après avoir gagné les paysans des régions catholiques, on voulut en conquérir les commerçants. Cafetiers et maîtres d'hôtels furent charitablement avertis que *la Croix* était le journal le plus lu de France. Les jours suivants, de riches voyageurs passaient, la demandaient avec insistance, et quelquefois refusaient de prendre un apéritif, là où on ne recevait pas « le bon journal ». Il faudrait une force de caractère que les limonadiers n'ont guère, pour résister à de pareils arguments. Ils cédaient donc, mais un trésor de colère et de rancune s'amassait profondément contre ces organisateurs d'une inquisition d'un nouveau genre, et dans bien des localités du Midi, on commençait à rappeler les souvenirs oubliés de 1815 et de la Terreur Blanche (1).

(1) Voici quelques phrases du sermon que le P. Coubé claironna à travers la France, en septembre 1900 :

« Oh ! comme il était beau et terrible, ce peuple

Cantonnés dans leur boutique-chapelle, uniquement attentifs aux progrès de leur conjuration contre les « monstres modernes », les Assomptionnistes ne comprenaient rien aux signes des temps.

***

Cœur de lion, quand il se dressait sur l'Europe et menaçait l'iniquité de ses inéluctables colères ! Comme il était beau, quand il épouvantait de ses rugissements les hordes musulmanes ; quand il se couchait devant le Saint-Sépulcre et disait à Mahomet : « Viens le prendre ! » quand il s'étendait devant le trône des Papes et criait aux forbans couronnés : « N'approchez pas ! » quand il disait à l'hérésie albigeoise : « Meurs ! » et au protestantisme : « Va-t'en ! » Oui, il était beau, alors, le lion de France !

. . . .

« Rugis donc, ô Lion, rugis dans l'air immense et lumineux, pour annoncer au monde que tu es las de dormir, que tu vas descendre dans la plaine, pour combattre et broyer l'iniquité. Rugis, ô Lion, pour commander aux sectes impies de disparaître de la terre de France. Rugis, pour rallier autour de toi tous les soldats du Christ et de sa Mère, et que ta voix, passant par dessus le Mont-Blanc éternel, aille dire à tous les échos que le règne du mensonge est fini et que la vérité, trop longtemps obscurcie, va sortir du nuage et resplendir sur le monde. »

Arrêtons-nous un instant. Nous sommes aux environs de 1896. Depuis 1870, la démocratie française n'a pas cessé de prendre de plus en plus conscience d'elle-même. Elle a triomphé de toutes les crises, éliminé tous les poisons. Par le mot de laïque elle indique qu'elle renonce à toute notion de droit divin politique, et qu'elle veut déduire de cette renonciation toutes les conséquences qui en dérivent. L'esprit de caste lui répugne ; en tout et partout elle marche vers la liberté et la lumière, aussi opposée aux procès à huis clos qu'au secret des chancelleries.

Elle veut l'instruction laïque et obligatoire : car, qu'un autre puisse juger à notre place lui paraît aussi impossible que de demander à un autre de manger et de digérer pour nous. Elle veut que chaque individu devienne un citoyen, c'est-à-dire, une molécule active et intelligente de la société, et ce citoyen n'a pas plus le droit de renoncer à un de ses devoirs ou à une de ses prérogatives, qu'il n'a le droit de s'émasculer. Nos frères aînés, il y a trente ans, eurent des *remplaçants* qui, pour mille ou deux mille francs, faisaient en leur nom leur service militaire. Or, voici qu'après à peine une génération, cette seule idée du remplacement nous paraît une sorte de monstruosité.

Voilà, en quelques mots, l'orientation de la démocratie qui, bien loin de se croire arrivée, se persuade que tout ce qu'elle a fait jusqu'ici n'est guère que la préface de la civilisation de demain.

Tout cela est encore vague, informe; cela n'a pas encore pénétré les institutions ; mais les idées d'aujourd'hui ne sont-elles pas les semences de la réalité de demain?

Or voici que la démocratie, ainsi orientée, rencontra tout à coup sur son chemin les organes de la Bonne Presse, frémissants, menaçants, qui lui disaient au nom de l'Eglise et au nom du Crucifié : « Tu n'iras pas plus loin! Les idées de liberté que tu proclames sont des blasphèmes contre Dieu. L'idéal vers lequel tu t'achemines est un mirage, une séduction envoyée par les puissances sataniques pour ta perte. »

Je n'ignore pas que jamais l'Eglise n'a officiellement chargé ce journal de la représenter, mais le catholicisme français pris en masse, en acceptant *la Croix* comme son journal, a solidarisé pour longtemps sa cause avec la sienne.

Je sais bien aussi que les gens de *la Croix* abusaient des bénédictions apostoliques pour dire que le Pape était avec eux, plus peut-être que ce n'était strictement exact ; mais jamais la hiérarchie ecclésiastique ne voulut voir que le fameux journal était en train de mettre la mentalité catholique à une terrible épreuve, et de compromettre pour longtemps l'honneur de l'Eglise. On ne voulait pas scandaliser, et voilà que, pour éviter de scandaliser des dévotes dont la foi semble pourtant singulièrement robuste, on scandalisait l'élite intellectuelle du pays. Ni le pape, ni les cardinaux, ni l'épiscopat, n'eurent les paroles décisives qui auraient rendu toute méprise impardonnable.

La démocratie fut pourtant assez lente à s'émouvoir des bravades de *la Croix* et de ses satellites. Elle se persuadait, non sans quelque raison, que ces gens faisaient tant de tapage pour grandir leur importance. Elle aurait voulu passer sans les voir, ne pas se laisser détourner par eux du but vers lequel elle s'acheminait. Mais cette sérénité ou ce dédain, ne furent pas compris par les « zélanti » du parti clérical. Croyant que leurs adversaires refusaient le combat, ils s'élancèrent à l'assaut du pouvoir.

En temps de guerre, certains belligérants, persuadés que tout moyen est bon qui conduit à la victoire, oublient le droit des gens. Il en fut ainsi des cléricaux français. La franc-maçonnerie leur apparaissait comme la citadelle de la démocratie. Ils tournèrent donc contre elle toutes leurs batteries.

Et alors on vit se dérouler les interminables péripéties de la plus fantastique mystification que l'histoire ait jamais enregistrée. Je ne songerais pas à rappeler ici Léo Taxil et Diana Vaughan, si ceux qui s'en firent les garants et les exploiteurs intéressés avaient avoué loyalement leur erreur et essayé de la réparer. Mais non, ils ont partagé avec Léo Taxil les bénéfices de leur association, et ils entendent n'en rien perdre, même après que son infamie a éclaté.

Peut-être quelques-uns de mes lecteurs ne savent-ils pas ce qu'est Léo Taxil? C'est un journaliste, né en 1854, et qui, vers 1879, s'était fait une spécialité des attaques contre le clergé. Son œuvre la plus fameuse en ce genre fût un livre intitulé *les Amours secrètes de Pie IX*. Pendant quelques années, le succès de ces louches publications, avivé par des condamnations retentissantes, fut très grand, mais le public anticlérical lui-même fut vite écœuré du cynisme de l'auteur.

Le sinistre personnage était déjà flétri par le mépris public et voyait sa clientèle le quitter, lorsque, en avril 1885, on apprit tout à coup sa conversion. Le nonce apostolique lui-même daigna le relever de l'excommunication *de latâ sententiâ*, et les journaux catholiques célébrèrent à l'envi le miracle de la grâce.

Il était pourtant évident, même pour les yeux les moins prévenus, que cette conversion n'était qu'une audacieuse tromperie. Il n'y eut qu'une voix dans la presse laïque, pour dire aux catholiques dans quel piège ils donnaient. Ils ne voulurent rien entendre, et on vit Léo Taxil, aidé de quelques complices, entreprendre la plus immonde des spéculations.

Pendant plus de dix ans, la France catholique fut submergée de publications où, sous prétexte de révéler les secrets de la franc-maçonnerie et de démasquer les ennemis de Dieu, les compères racontaient les plus fantastiques inepties qui aient jamais été inventées par une imagination délirante. Dans les gros volumes, comme dans les livraisons périodiques fiévreusement attendues et lues avec avidité en chaire et dans les couvents, la luxure coulait à pleins bords. A chaque page la pornographie la plus immonde s'étalait pour la plus grande gloire de Dieu.

Le fond même des révélations de Léo Taxil, était que les francs-maçons célèbrent un culte satanique. La Messe noire réalise sur leurs autels la présence réelle du Diable, avec cette différence, en faveur du Diable (!), que pour l'hostie diabolique, l'apparence d'hostie disparaît et que le Diable en personne se manifeste sous les formes les plus imprévues et les plus obscènes (1).

(1) Ce chapitre d'histoire contemporaine n'a pas encore été écrit. On trouvera un résumé très bref, mais précis, dans la brochure de Henri-Charles Lea, *Léo Taxil, Diana Vaughan et l'Eglise romaine : Histoire d'une mystification*, Paris, 1901.

Voici quelques titres pris au hasard, qui en diront assez long sur cette littérature : *Le Diable au* XIXe *siècle ou les mystères du spiritisme ; — La Franc-Maçonnerie luciférienne ; — Révélations complètes sur le Palladisme, la Théurgie ; — La Goétie et tout le satanisme moderne ; — Magnétisme occulte, pseudo-spirites et vocates procédants ; — Les médiums lucifériens ; — La cabale fin de siècle ; — Magie de la Rose-Croix ; — Les possessions à l'état latent ; — Les précurseurs de l'Antéchrist ; — Récits d'un témoin*, par le Dr Bataille, nombreuses gravures, Paris, Delhomme et Briguet, éditeurs, 13, rue de l'Abbaye (12 fr. chaque volume) ; — Léo Taxil, *Révélations complètes sur la Franc-Maçonnerie ; — Les sœurs maçonnes*, la Franc-Maçonnerie des dames et ses mystères : entière divulgation des cérémonies secrètes des loges de femmes ; Les apprenties ; Les compagnonnes ; Les maîtresses ; Les maîtresses parfaites ; Les sublimes écossaises ; Les chevalières de la colombe ; Les fendeuses ; Les nymphes de la rose, etc. Banquets, amuse-

Les rires et les sarcasmes avec lesquels la libre pensée accueillit ces flots boueux ne firent que confirmer les pauvres dupes dans leur crédulité.

Il y eut sans doute des ecclésiastiques qui surent voir clair. Faut-il les en féliciter ? S'ils ne furent pas victimes, ils furent donc complices, ce qui est peut-être encore moins honorable. Au demeurant, aucune voix autorisée ne s'éleva pour sauver l'honneur de l'Eglise et séparer sa cause de cette répugnante apologétique (1).

ments et cantiques des maçonnes, Paris, in-12, 3,50. Letouzey et Ané, éditeurs, 51, rue Bonaparte. A la page 400, je remarque une belle annonce, tenant toute une page, de la *Vie de N.-S. Jésus-Christ*, par l'abbé C. Le Camus (aujourd'hui évêque de La Rochelle).

(1) Les villes de province eurent aussi leurs révélations antimaçonniques. En 1895, le commandeur Dominique Margiotta publia à Grenoble un retentissant volume sur le Palladisme, culte de Satan Lucifer, précédé de la bénédiction apostolique, d'une longue lettre de Mgr Fava, évêque diocésain, qui traitait le maître chanteur de « cher ami ». Il y en avait une autre de Mgr Piavi, patriarche de Jérusalem, de l'archevêque d'Aix, et de toute une série d'évêques. La désastreuse déroute de M. Taxil ne fit pas

Les journaux ecclésiastiques les plus modérés avaient pris l'habitude de consacrer une rubrique aux révélations. Les encycliques de Léon XIII et les encouragements épiscopaux ne cessaient de faire de la lutte contre la « secte satanique » le devoir essentiel des catholiques militants. Enfin, en 1896, la Commission antimaçonnique de Rome décida d'organiser une véritable croisade contre la Maçonnerie et de convoquer dans ce but un congrès international à Trente. Le choix de cette ville était à lui seul un symbole et un programme. Ces assises extraordinaires se tinrent à la fin de septembre, en présence de

perdre à Mgr Fava sa foi antimaçonnique ; dix-huit mois après, il fit un livre intitulé : *le Secret de la Franc-Maçonnerie*, volume qui lui valut un honneur bien rare dans l'histoire. Le pape Léon XIII répondit à l'envoi de l'œuvre par une poésie latine qu'il composa lui-même. En voici les premiers vers :

Extulit ecce caput vesano incensa furore
E stygiis inimica cohors erupta latebris
Divinum numen maiestatemque verendam :
Aggreditur : Christi sponsam mordere cruento
Dente audet, premere insidiis atque arte maligna
Prælia mox effrons certamina miscet aperto.

(*Univers*, 7 juin 1898).

trente-six évêques; elles s'ouvrirent par une immense procession, à laquelle prirent part dix-huit mille personnes. Léo Taxil était le héros du jour.

Heureusement, quatre prêtres allemands eurent la hardiesse d'exiger des indications précises sur Diana Vaughan, l'héroïne imaginaire des publications les plus récentes de M. Taxil. Le triste personnage paya d'audace ; puis comprenant que les choses allaient mal tourner pour lui, il quitta brusquement Trente et rentra à Paris (1), où, quelques mois après,

(1) Même après le congrès de Trente, certains organes catholiques hésitèrent. Le 12 novembre, *la Croix* disait : « En attendant les enquêtes officielles qui se poursuivent devant la Commission romaine et devant le Saint-Office, au sujet de Diana Vaughan, nous croyons devoir publier les lettres des personnages officiels auxquelles la presse (?) refuse l'hospitalité. »

Ces lignes étaient suivies d'une lettre authentique du cardinal Parocchi à Diana Vaughan, mais antérieure au congrès de Trente.

L'*Univers*, au contraire, à partir à peu près de la mi-octobre, battit en retraite et voulut préparer les catholiques à la grande désillusion. Dans un article du 29 octobre, Eugène Veuillot laissa entrevoir les

il annonçait que, le 19 avril, il présenterait Diana Vaughan elle-même au public.

Au jour fixé, il se présenta seul et déclara que, depuis dix ans, il avait voulu voir jusqu'où irait l'insondable bêtise des catholiques. Il faillit être écharpé par l'auditoire, et depuis lors plus personne n'a entendu parler de lui.

Après cette lamentable et écœurante campagne, il semble que les victimes de Léo Taxil auraient dû éprouver quelque honte. Les prêtres et les évêques qui s'étaient lancés

étranges sentiments que son effort provoquait dans la clientèle du journal : « Vous êtes trop intelligent, lui disait un abonné, pour ne pas voir que vous faites le jeu des francs-maçons... c'est pousser trop loin le ralliement ! » Soyez sûr, affirmait un autre, que les doutes auxquels vous donnez du crédit sont habilement semés par des palladistes, les lucifériens, qui ont feint de se convertir, afin de nous trahir ! » « Parler contre Diana Vaughan, s'écriait un troisième, c'est vouloir empêcher la canonisation de Jeanne d'Arc (!). »

Si on songe que l'*Univers* est le quotidien catholique qui a la clientèle la plus intellectuelle, on peut s'imaginer la mentalité des abonnés des autres feuilles.

dans la lutte n'ignoraient pas qu'ils avaient rendu les francs-maçons odieux, en avaient fait des monstres de lubricité, qu'ils avaient semé la révolte dans les familles dont les chefs sont membres de cette association.

Un homme ordinaire, quand il a fait de pareilles erreurs, les regrette et tâche de les réparer. Il n'y eut rien de ce genre. Parmi les hommes d'Eglise, beaucoup furent furieux d'avoir été mystifiés; pas un seul ne songea à s'excuser auprès de ceux qu'ils avaient traité comme la pourriture de l'univers et la malfaisance incarnée.

Tout au contraire, il n'y eut qu'une voix pour dire : « Ce sont les francs-maçons qui ont payé Léo Taxil pour tromper les catholiques (1). »

(1) Si je ne me trompe, c'est à M. Gaston Méry, collaborateur de M. Drumont à la *Libre Parole*, que revient l'honneur d'avoir trouvé cette tactique. En janvier 1900, il fit paraître une brochure où il racontait savoureusement les impostures de M. Taxil et leur succès, mais il intitulait bravement cela : *Un complot maçonnique : la vérité sur Diana Vaughan*, Paris, in-8 de 80 p., Librairie Blériot.

On eut beau faire remarquer que tous les organes de la libre-pensée avaient averti les catholiques du piège où ils tombaient, que Léo Taxil avait été exclu, comme apprenti, de la maçonnerie où il avait voulu entrer. Rien n'y fit. Pour ces gens-là, la vieille formule du moyen âge est encore en vigueur. On ne doit pas la foi aux hérétiques.

On pensera peut-être que le parti anticlérical profita de Léo Taxil pour ridiculiser l'Eglise. Un peu, mais beaucoup moins qu'on

C'était d'une géniale simplicité. On maudissait Taxil et ses complices, mais on sous-louait les boutiques où ils avaient si copieusement saigné les croyants catholiques, et sur la couverture écarlate de M. Méry on trouvait des réclames pour un livre sur « Le Démon », par un prêtre du diocèse de Paris, sur « la Magie Blanche », par Magus, etc.

Dès le 15 janvier 1897, le même Gaston Méry prenait à la Librairie Antisémite la direction d'une Revue bi-mensuelle, *l'Echo du Merveilleux*, évidemment destinée à rallier la clientèle de M. Taxil et à lui fournir la pâture dont elle ne savait plus se passer. Dans le premier numéro, les révélations palladiques étaient remplacées par un long récit des apparitions de la Vierge à Tilly-sur-Seulles, Noël, 1896, en présence de M. Gaston Méry.

n'aurait pu s'y attendre. Le moment des premières railleries passé, on oublia; les polémistes eux-mêmes avaient honte de poursuivre des gens si lamentablement crédules (1). Mal-

(1) Ce n'est pas impunément qu'une société se nourrit des révélations de M. Taxil, ou qu'elle croit se guérir en allant écouter MM. Méry, Georges Bois ou Mgr Fava.

Le détraquement et la névrose sévissaient sur les catholiques. Aux vitrines des abords de Saint-Sulpice, on voyait flamboyer les livres de prophéties les plus invraisemblables. J'en ai un sous les yeux. C'est intitulé : « *Le Grand coup, avec sa date probable, c'est-à-dire le grand châtiment du monde et le triomphe universel de l'Eglise. Etude sur le secret de la Salette comparé aux prophéties de l'Ecriture et à d'autres prophéties authentiques* », par l'abbé Em. Combes, curé de Diou (Allier), 3e édition, in-8e de 126 pages. « Sa Sainteté Léon XIII a agréé l'hommage de cette troisième édition. »

Depuis lors ce livre a été mis à l'index mais il a été remplacé par « Les Mémoires d'un Torpilleur », par l'abbé Doreau (in-8o de IV et 480 p. Librairie catholique de Périsse frères, 38, rue Saint-Sulpice, Paris), où « l'auteur démontre que l'Evangile de l'Anarchie et de Vénus est approuvé au moins implicitement, même par les autorités ecclésiastiques. C'est l'apostasie prédite par saint Paul comme devant précéder immédiatement le triomphe du Christ ». Il est sans doute superflu d'ajouter que cette citation

gré tout, en 1896, la démocratie était de nouveau prête à offrir la paix à l'Eglise (1).

C'est alors qu'éclata l'affaire de la révision du procès Dreyfus. Je n'ai pas ici à en résumer l'histoire, même brièvement. Il suffira de rappeler quelques faits précis. Je suis très persuadé qu'il n'y eut de mot d'ordre ni de Rome, ni d'ailleurs; mais les forces catholiques sont si bien habituées à manœuvrer comme un seul homme, que tout se passa comme s'il y avait eu un mot d'ordre. Avec un ensemble merveilleux, tous les journaux

est empruntée à l'abbé Doreau lui-même (Dictionnaire biographique des Ecrivains, Carnoy, éditeur, t. XIV, p. 123).

Que des volumes de ce genre puissent voir le jour, je n'en serais, certes, ni surpris, ni scandalisé; mais ce qui est significatif, c'est de les voir toujours en vedette chez les libraires catholiques, ce qui est la meilleure preuve de leur durable succès.

C'est sans doute à cette mentalité que pensait M. Fonsegrive, quand il a écrit (*Quinzaine* du 1er novembre 1901) : « Délivrons-nous donc des monstres et des chimères ! Ne nous battons plus contre les moulins à vent. »

(1) Ce sont ces dispositions pacifiques que Spuller synthétisa solennellement à la Chambre, le 10 mars 1894, lorsqu'il parla de l'*Esprit nouveau*.

catholiques insinuèrent non pas seulement que tous les partisans de Dreyfus étaient ses complices, mais que toute personne qui, sans rien soutenir sur la question de culpabilité ou d'innocence, réclamait la révision du procès et sa publicité, était stipendiée par un syndicat de trahison.

Jamais l'unité instinctive de la pensée catholique ne s'était révélée avec autant de force que durant ces terribles journées où l'on vécut dans une atmosphère de guerre civile. En 1870, le dogme de l'infaillibilité du pape avait eu des partisans acharnés et une glorieuse minorité d'adversaires ; en 1896, le dogme de la culpabilité nécessaire de Dreyfus ne connut pour ainsi dire pas d'hérétiques. Il y eut bien quelques prêtres qui, courageusement, simplement, dirent qu'ils n'étaient pas convaincus, qu'ils avaient des hésitations, des doutes, et qu'en tout cas on devrait bien ne pas faire de la culpabilité de ce juif un article du Credo ; les huées et les inénarrables persécutions qui accueillirent leurs réserves ne servirent qu'à faire éclater à tous les yeux que l'indépendance civique et politique du croyant catholique est peut-être sauvegardée dans les Pères de l'Eglise ou dans quelque encyclique pontificale, mais que dans la réalité des faits, elle est un mythe.

Lorsque éclata « l'Affaire », du jour au lendemain, la presse cléricale trouva son orientation. Elle eut de la sorte une grande avance sur la presse laïque qui hésitait, cherchait à se faire un jugement, si même elle ne louvoyait pas. Mais ce fut la victoire même des cléricaux qui les perdit (1).

Lorsqu'à la séance du 7 juillet 1898, la Chambre, à l'unanimité, vota l'affichage du discours de M. Cavaignac, cette unanimité même indiquait un entraînement anormal, un vote tumultueux, comme ceux des assemblées populaires, ou mystique, comme ceux des conciles.

Or, voici qu'au lendemain de ce vote fameux,

(1) Voir l'excellent livre de M. Léon Chaine, un des catholiques de la minorité : *Les Catholiques français et leurs difficultés actuelles*, Paris, in-8°, 7e édition, 1904.

les événements se précipitèrent avec une effroyable rapidité. Le 30 août, le colonel Henry se reconnaissait l'auteur du document dont l'authenticité avait été proclamée, quelques jours avant, par le ministre de la guerre.

Dès cet instant, une foule de députés et d'innombrables électeurs se demandèrent : « Comment avons-nous pu être si aveugles ? Quelle est la puissance occulte qui, en dévoyant l'opinion publique, a pesé sur nous, à notre insu, et a transformé la représentation nationale en un troupeau apeuré ? »

A toutes ces questions il fallait bien répondre que le grand coupable était le cléricalisme. C'était lui qui, en utilisant le réseau des influences religieuses, avait, par d'habiles manœuvres, violenté la conscience française et était parvenu par des voies indirectes à fausser le jugement, non seulement de ses adhérents, mais aussi celui de citoyens qui ignorent l'Eglise ou même en sont les adversaires.

Quand le calme fut un peu revenu et que le cléricalisme, malgré ses efforts désespérés et ses honteuses alliances, eut perdu, une à une, toutes les batailles d'une guerre dont il croyait sortir triomphant, la France républicaine tout entière fit son examen de conscience et se demanda comment elle avait pu perdre ainsi tout à coup toute espèce de jugement, d'où venait ce vent de folie qui, pendant de trop longs mois, avait soufflé sur elle.

Or le coupable était là, toujours fanfaron et menaçant, et qui, bien loin d'avoir honte et de se cacher, entendait continuer son œuvre (1).

(1) Le 25 avril 1901, le fameux P. Coubé prononça à Lourdes, devant un auditoire de soixante mille hommes, son célèbre discours sur « le glaive électoral », où il évoqua naturellement le souvenir de Jeanne d'Arc et donna à la Vierge Marie un titre sous lequel elle n'avait jamais été saluée, « la Vierge guerrière ! »... « A la bataille, s'écria-t-il en terminant, sous le labarum du Sacré Cœur! Un labarum n'est pas un signe de paix, mais un signe de guerre. »

Le P. Didon lui-même, le célèbre Dominicain, avait été, hélas ! du côté des gros bataillons. Le 19 juillet 1898, en présence du général Jamont, généralissime de l'armée française, venu en grand apparat, il prononça un discours sur « l'Esprit militaire, » qui eut un énorme retentissement. Son biographe, le P. Stanislas Reynaud (*Le Père Didon*, in-8°, p. 377, Paris, 1904) nous dit qu'il « y affirma un militarisme ardent, » mais il ajoute que les accusations contre le P. Didon, à cette occasion, étaient fausses.

Vers 1896, le cri célèbre de Gambetta : « le cléricalisme, voilà l'ennemi ! » était bien ou-

Le P. Reynaud aurait bien mieux fait de nous donner purement et simplement les paroles prononcées par l'orateur. Chacun aurait pu de cette façon se faire une opinion.

Ce qui est vrai, c'est que, dans l'ivresse du verbe, le P. Didon avait, avec son impérieux génie, déclaré à la France laïque quel était l'idéal de la France catholique. Se rendant parfaitement compte de l'invincible répulsion qu'inspirait au pays le catholicisme des Jésuites et des Assomptionnistes, il claironna un appel destiné à rallier autour du drapeau de la France catholique la bourgeoisie militaire et financière.

L'accueil fait à ces flots d'éloquence très réelle montra que la démocratie française n'est pas disposée à se laisser entraîner vers cette sorte d'impérialisme que certains soldats, prêtres et commerçants des Etats-Unis d'Amérique, mettent à la mode.

Voici quelques-unes des paroles prononcées par le P. Didon ; je les emprunte au *Bulletin de l'Union pour l'Action morale*, 1er août 1898, p. 397.

« . . . . . . lorsque la persuasion a échoué, lorsque l'amour a été impuissant, il faut s'armer de la force coercitive, brandir le glaive, terroriser, sévir, frapper ; il faut imposer la justice. L'emploi de la force, en cette conjoncture, n'est pas seulement licite et légitime, il est obligatoire ; et la force ainsi employée n'est plus une puissance brutale : elle devient énergie bienfaisante et sainte.

« L'art suprême du gouvernement est de savoir

blié. En 1898, il s'imposait, avec plus de force que jamais, au souvenir et aux réflexions de la démocratie. Elle venait de mesurer avec stupeur les redoutables crises qu'une minorité, en apparence négligeable, peut déchaîner sur un pays, si elle est audacieuse, bien disciplinée et si elle fait appel aux passions religieuses.

Il y eut alors, dans l'élite intellectuelle et politique de la France, un mouvement profond. Une foule d'hommes parfaitement étrangers aux divisions religieuses, qui jusqu'alors n'avaient pas eu plus de sympathie pour l'anticléricalisme que pour le cléricalisme, secouèrent leur indifférence. L'Eglise leur était apparue tout à coup comme le génie de la réaction, comme une puissance rusée et hy-

l'heure exacte où la tolérance devient de la complicité. Malheur à ceux qui masquent leur faiblesse criminelle derrière une insuffisante légalité, à ceux qui laissent le glaive s'émousser, à ceux dont la bonté tourne en débonnaireté : le pays, livré à toutes les angoisses, les rejettera flétris, pour n'avoir pas su vouloir — même au prix du sang — le défendre et le sauver. »

pocrite, qui, sous couleur d'indiquer aux simples le chemin du paradis, les enrégimente pour les jeter brusquement au milieu de la mêlée politique.

Dans tout ce qui précède j'ai parlé de l'Eglise et du cléricalisme, à peu près comme si ces deux mots étaient synonymes. Je sais bien qu'ils ne le sont pas, mais parlant en historien qui voit des faits, je suis bien obligé de constater que, pratiquement, le citoyen français de l'heure actuelle ne peut pas ne pas confondre l'Eglise avec le cléricalisme.

Le cléricalisme s'étant inféodé à l'Eglise, et l'Eglise ayant accepté cet hommage, les défaites, chaque jour plus terribles, du cléricalisme sont devenues les défaites de l'Eglise, et tout le terrain conquis par la démocratie semble l'avoir été sur l'Eglise.

***

A ceux qui ont eu la bonté de me suivre jusqu'ici doit s'imposer la conviction que la séparation de l'Eglise et de l'Etat n'est plus à faire, elle est faite. Le parlement français, en la votant, constate simplement une situation déjà existante, et cherche un *modus vivendi* qui lui corresponde (1).

(1) Les premiers projets proposés à la Chambre des députés étaient conçus dans un esprit bien moins libéral. Ils étaient l'œuvre d'une minorité qui aurait voulu faire de la loi un instrument, propre à aider à l'élimination du catholicisme en France.

Comment de ces projets primitifs est-on arrivé à une loi qui, si elle est loyalement acceptée et observée, pourra assurer une liberté religieuse que la France n'a jamais connue et une indépendance des Eglises et de l'Etat qui n'existe dans aucun autre pays ?

Simplement par les efforts des hommes de bonne volonté qui au lieu de crier aux auteurs des premiers projets : « Tyrans, voleurs, assassins ! » ont discuté posément, tranquillement, en citoyens respectueux des convictions des autres. Le succès des efforts ainsi tentés fait le plus grand honneur au régime parlementaire. La Commission parlementaire a donné audience à tous les corps et à toutes les personnalités qui ont demandé à être entendus. C'est ainsi que l'introduction des délégations protestantes a pu suggérer de notables améliorations.

Il est bien évident que des délégations catholiques auraient pu obtenir bien davantage, si, de ce côté, on avait daigné intervenir dans la préparation de la loi.

Un homme qui sans être ni député, ni sénateur,

De là vient la tournure calme et pacifique qu'a prise ce grand débat. Si le parlement eût précédé l'opinion publique, elle se serait émue, agitée; mais non, elle a simplement suivi avec une tranquille attention ces discussions où se posait une des questions les plus solennelles que la conscience française ait eu à trancher depuis 1789.

La séparation de l'Eglise et de l'Etat, comprise comme le parlement l'a comprise, c'est plus qu'un changement de dynastie ou de forme gouvernementale, c'est la clôture d'une époque historique et l'orientation vers des horizons nouveaux.

a été un des collaborateurs les plus efficaces de la loi nouvelle, est M. Raoul Allier, professeur de l'Université de Paris.

Les articles qu'il publiait chaque semaine dans *le Siècle* s'imposèrent bien vite à l'attention du Parlement, à la fois par leur sagesse, leur modération, leur sincérité et leur connaissance extraordinaire des choses religieuses. Ils ont été réunis en deux volumes : t. I, *La Séparation des Eglises et de l'Etat*, in-18 de XXIV et 576 pages (6 francs) ; t. II, *La Séparation au Sénat*, in-18 de 294 pages (4 francs), édités par les Cahiers de la Quinzaine, 8, rue de la Sorbonne, Paris V.

Ce n'est pas ici le lieu de dire l'accueil qu'a fait la France à la loi, telle qu'elle est sortie des délibérations de la Chambre des Députés. Bien des gens se sont étonnés que la démocratie ait appris ce vote sans de bruyantes démonstrations d'enthousiasme. Mais cette tranquillité s'explique très naturellement, si on tient compte de ce qui a été dit plus haut : jamais loi n'avait été votée dans des conditions plus normales. Les spectateurs lointains ou distraits, en voyant la démocratie arrivée à un point où ils ne la soupçonnaient pas, ont pu croire à une victoire inattendue, inespérée de sa part; mais ceux qui suivent son évolution n'ont pas pu être victimes de cette illusion.

Dans le camp clérical, personne ne semble avoir songé à étudier la loi tranquillement, objectivement, à en calculer l'origine et la portée. Avec leur mentalité de méchants collégiens, les uns ont poussé des hurlements de douleur en criant : « C'est injuste ! c'est une loi de persécution ! » Les autres ont levé les épaules et, s'efforçant de sourire, ont dit : « Votre loi est une faillite, une capitulation ! Après nous avoir bien menacés, vous avez eu peur de nous (1). »

Hurlements et sourires manquent également de sincérité et de sérieux (2).

(1) Voir par exemple, dans le *Figaro* du 3 juillet, l'article de M. A. De Mun, de l'Académie française, intitulé : *La mort de la Séparation*.

(2) Cette parole est dure, mais j'ai le regret, en la relisant, de ne pouvoir la retirer. Depuis que ces lignes ont été écrites, les chefs les plus en vue du parti clérical ont comme pris à tâche d'en prouver l'exactitude. M. de Mun, le tout premier, oubliant les paroles qu'il écrivait il y a six mois et que je viens de citer, à propos de la même loi de séparation, et sans qu'aucune modification y ait été apportée, — a repris la plume, et dans un article intitulé « *Consummatum est* » il déclare qu'un « grand crime » aux « conséquences incalculables » vient d'être commis (*Croix* du 8 déc. 1905).

« Ce n'est qu'un changement de tactique », me dira-t-on, et on aura raison ; mais ce mot même de *tactique* caractérise l'éternelle attitude du parti clérical. Il ne songe même pas à influer sur l'évolution politique du pays, il assiste à cette évolution, tantôt en spectateur, tantôt en ennemi hypnotisé par le rêve de la conquête du pouvoir.

M. de Mun et les siens n'ont pas plus songé à étudier la loi d'un point de vue religieux élevé que du point de vue de l'évolution politique de la France.

La loi n'est pas parfaite, car en ce monde aucune chose ne l'est, mais on a pu dire avec juste raison que « les débats avaient été très complets, très réfléchis, que tous les problèmes d'ordre très délicat, qui étaient posés, ont été envisagés avec le plus grand soin par nos députés, que la majorité a permis à la minorité non seulement de parler autant qu'elle

Ils ne se sont posé qu'une question : « Comment trouver dans cette loi une occasion de renverser — ou, au pis aller, de confisquer — la République ? »

De là, l'absence de toute ligne de conduite ; de là, des manifestations d'une incohérence parfois grotesque. Il y a six mois, on croyait habile de narguer ceux que l'on regardait comme les auteurs responsables de la séparation ; aujourd'hui, on croit habile de les maudire, parce qu'on espère provoquer une agitation favorable à un changement de régime.

Voilà pourquoi, au moment où presque toute la France et, avec elle, presque toute l'Europe s'apprêtent à saluer respectueusement le citoyen qui, de conseiller municipal d'une obscure commune dauphinoise, devenu Président de la République, se prépare à reprendre son rang de simple citoyen, des hommes qui se donnent pour les élèves de la grande école de respect outragent ce vieillard : « M. Loubet ressuscite Pilate, signe les arrêts de mort et s'en lave les mains. Parapher et parader, tel a été son rôle. Son septennat se résume en trois mots : proscrip-

l'a voulu, mais encore de collaborer à l'œuvre qui devient ainsi commune à tous les partis » (1).

tion, spoliation, persécution » (Discours de M. Piou à l'Action libérale (!) populaire le 17 déc. 1905). On trouvera à l'appendice (IV-VI) trois articles de journaux catholiques sur le départ de M. Loubet conçus dans le même esprit et... hélas! dans le même style.

(1) Le pasteur L. Lafon dans *La Vie Nouvelle* du 8 juillet. Dans le document IX de l'appendice, on trouvera la reproduction complète d'un article de M. Lafon, article qui m'a paru caractériser l'attitude de la grande majorité des Protestants vis-à-vis de la loi de séparation.

II

La situation du clergé en France.

Les longs détails donnés plus haut me permettront ici une brièveté relative : la situation actuelle du clergé est la résultante de ce qui précède. J'ai indiqué quelques-unes des désastreuses erreurs du cléricalisme; mais quand la démocratie, s'efforçant de ne pas confondre cléricalisme et Eglise, jette les yeux du côté des affaires strictement religieuses, elle n'est guère moins surprise (1).

(1) Le livre le plus lu en ce moment dans les milieux catholiques est celui du R. P. Jouët : *Un petit tour par le purgatoire chaque jour en compagnie du Sacré-Cœur de Jésus*. Il a dépassé la centième édition.

Voici le texte (partiel) d'un prospectus envoyé à profusion chez les gens du peuple : « Nous enverrons aux personnes qui nous en feront la demande une brochure racontant des faits extraordinaires sur les âmes du Purgatoire. Nous demandons avec la plus grande instance de lire cette brochure qui ins-

Voyons quelques faits : il y a deux ans, Mgr le Nordez, évêque de Dijon, et Mgr Geay, évêque de Laval, furent l'objet d'accusations abominables. Contre le premier s'élevait l'accusation la plus grave qui puisse atteindre un homme revêtu du caractère sacerdotal ; plus grave que celle d'apostasie même, celle de trahison : et d'une trahison non encore cataloguée, je crois, dans l'histoire ecclésiastique. Mgr Le Nordez aurait été franc-maçon !

Le crime de Mgr Geay, plus sévèrement qualifié par la morale naturelle, l'était moins par la morale « surnaturelle » des congrégations romaines ; ce n'était qu'un dossier nouveau à côté de plusieurs autres, dans les cartons du S. Office. Mgr Geay, d'après ses accusateurs, aurait violé l'abbesse des Carmélites de Laval, et aurait vécu avec elle sur un pied d'étroite intimité.

A Dijon, à Laval, dans la France catholique,

truira sur leurs souffrances si peu connues. 1 franc. Approuvée par Mgr l'Évêque de Blois. Adresser les demandes à Mme Sommier, chez les Religieuses Franciscaines, à Romorantin (Loir-et-Cher).

le scandale fut énorme. Les deux évêques opposaient à leurs accusateurs des dénégations indignées. Ils furent insultés dans leur cathédrale par leurs propres prêtres.

Je passe sur les détails. Il y eut un soupir de soulagement dans la conscience publique, lorsqu'on apprit que le pape avait mandé les deux évêques et que leur procès allait être instruit par les tribunaux ecclésiastiques. Beaucoup de gens, en effet, même parmi ceux qui sont étrangers aux choses de l'Église, avaient déploré ces scandales. Heureusement tout le monde n'a pas encore la mentalité de certains cannibales de la presse. On souffrait de la joie féroce avec laquelle certains journalistes exploitaient les affaires de Dijon et de Laval.

Aussi lorsque le Souverain Pontife eut mandé les évêques, se prit-on à espérer que justice éclatante allait être faite ; que si les accusés étaient coupables, l'Église, en la personne de son chef, prise d'une sainte indignation, les « vomirait de sa bouche » ; que s'ils étaient innocents, cette Mère tressaillerait d'une joie indicible, crierait à l'univers entier l'innocence des fils aînés de son peuple, prendrait par la main ces victimes d'infâmes machinations et les ramènerait triomphants sur leur siège épiscopal.

On attendit.

Quelques semaines plus tard, des notes aussi amphigouriques que brèves, dans les journaux catholiques, annonçaient que Mgr Geay avait remis au S. Père sa démission d'évêque de Laval. Quelques jours plus tard on apprit que Mgr Le Nordez avait renoncé au siège de Dijon.

Les deux évêques restaient évêques sans diocèse.

Ce fut une véritable stupeur chez plus d'un libre penseur et chez une foule de catholiques.

« Il faut donc que ces évêques soient coupables, disait-on, puisque Rome ne leur a pas permis de retourner sur leur siège. Mais, s'ils sont coupables, pourquoi l'Église, si dure, si implacable aux erreurs dogmatiques, ne sait-elle pas châtier avec éclat ceux qui, étant évêques, sont doublement coupables? »

Que s'était-il passé devant ce tribunal du

S. Office, qui a pour préfet le vicaire de Jésus-Christ? Nous ne le saurons peut-être jamais. La conscience laïque attendait une parole claire, un jugement éclatant. La conscience laïque avait tort. Ces évêques ont des parents, des amis, une vieille mère peut-être. L'aïeule, en les voyant célébrer, en les entendant murmurer, dans le silence du sanctuaire, les paroles qui font descendre Dieu dans l'hostie, tressaillera d'angoisse au souvenir des accusations immondes !

Pauvres évêques, laissez-moi vous plaindre ! Si vous êtes innocents, le malaise, les soupçons qui vous entourent sont le supplice le plus effroyable auquel un homme puisse être soumis. Et quelle plume serait capable de dire la désolation dont votre cœur doit être envahi : *Dederunt in escam meam fel, et in siti mea potaverunt me aceto* (Ps. LX).

Si vous êtes coupables, je vous plains encore, et je vous plains de n'avoir pas été énergiquement châtiés, car peu à peu, dans la sévérité de la peine, vous auriez peut-être trouvé le relèvement et la rédemption. Vous auriez senti l'admiration naître en votre cœur pour la main vengeresse. Il y aurait eu là pour vous une sorte de joie, et, quelque amère qu'elle eût été, pourtant moins atroce que la déchéance où vous voilà réduits.

Je me suis arrêté quelque peu aux affaires de Dijon et de Laval, parce que, si elles ont été peu remarquées du grand public, elles ont eu un retentissement énorme dans la conscience de certains catholiques français, qui ont jugé fort sévèrement les procédés du Saint-Office.

Plus d'un évêque s'est demandé avec angoisse ce que deviendrait son honneur, le jour où il plairait à un groupe d'énergumènes d'ourdir autour de lui quelque infâme machination. Eux qui ne croient pas à l'infaillibilité des tribunaux français, n'auraient aucune crainte à comparaître devant la justice laïque, tandis qu'ils se sont promis qu'en aucun cas ils ne se laisseraient traîner devant le Saint-Office.

Et au-dessous d'eux, beaucoup de simples prêtres qui, dans l'humble situation où ils se trouvent, ne sont pas exposés à de si dramatiques dangers, ont été pourtant gênés, étonnés, scandalisés de voir qu'à l'aurore du xxe siècle, les tribunaux du Saint-Siège semblaient vouloir prendre modèle sur ceux de la Sublime Porte.

J'en reviens à la situation intellectuelle et morale de l'épiscopat français à l'heure actuelle. Dans ces dernières années, il a été de mode de le juger très sévèrement et de le déclarer très inférieur à l'épiscopat du Second Empire ou de la Restauration (1). N'y aurait-il pas peut-être dans ces jugements quelque illusion d'optique? La question me paraît trop délicate et complexe, pour qu'il soit possible d'avoir un avis catégorique et motivé.

L'impression d'ensemble, c'est que le talent, la science, la vertu, le dévouement s'y rencontrent aussi fréquemment que dans le corps enseignant ou dans la magistrature, mais sans qu'il y ait une différence frappante en faveur de l'Eglise. Tous les évêques sont de

(1) Voir par exemple l'ouvrage cité plus haut du baron E. de Mandat-Grancey (p. 12 n. 2).

saints évêques, par définition, comme tous les préfets sont des préfets dévoués, par définition. Ce qui frappe dès l'abord dans l'épiscopat français, c'est son aspect conservateur. On use, pour parler à NN. SS., de formes surannées qui, visiblement, ne leur déplaisent pas. Ils attachent aux habitudes, aux préséances, au protocole, une importance qui paraît singulière au commun des mortels, mais on serait sans doute injuste en attribuant toutes ces faiblesses à leur formation religieuse. Les évêques sont fonctionnaires, et, à ce titre, exposés à une foule de maladies qui sévissent dans toutes les administrations. Il y a une parole de Mgr Rumeau, évêque d'Angers, qui mérite de rester, non pas comme symbolisant la mentalité épiscopale, mais comme symbolisant « l'inerrance » que s'attribuent bénévolement presque tous nos fonctionnaires : « Un évêque ne discute pas, il ne réfute pas, il condamne ! » N'y a-t-il pas des préfets et des inspecteurs d'académie qui ont eu des mots analogues ?

Ce qui est sûr, c'est que nos évêques ont

l'air de se croire quelque chose de plus qu'humain. Comme Jésus-Christ, ils parlent beaucoup, mais à l'inverse de Jésus, qui parlait en brèves paraboles, ils parlent en de longs mandements. Ce sont des pièces quasiment liturgiques, qu'on lit à la grand'messe — celle où il y a le moins de monde — d'un ton lamentable (*in tono epistolæ*). Les dévotes, qui savent fort bien qu'en écoutant cette lecture elles ne gagneraient aucune indulgence, profitent de ce temps pour égrener quelques dizaines de chapelet, et faire une foule d'oraisons jaculatoires enrichies des plus insignes faveurs *pro vivis et defunctis.*

Dans la plupart des diocèses de France, il n'y a pas d'autre contact entre l'évêque et ses fidèles que la lecture annuelle du mandement de carême. Et l'idée de désirer autre chose ne vient ni à l'un ni aux autres.

Les rapports entre l'évêque et ses diocésains ne sont donc pas sensiblement différents de ceux qui courent entre un préfet et ses administrés. L'un fait des tournées de confirmation, l'autre des tournées de conseil de révision ; l'un parle au nom du pape, l'autre au nom du gouvernement, mais tous les deux en un style grandiloquent et vide, qui est de rite en ces circonstances. Il y a quelques années, il y eut une exception, un évêque jeune, ardent, zélé, voulut parler non pas *devant* ses auditeurs, mais *à* ses auditeurs. C'était là-bas, du côté de la frontière, dans une contrée où l'incrédulité n'a pas encore pénétré. Il leur dit sa joie de savoir avec quelle régularité ils accomplissaient toutes les obligations du chrétien : assistance aux offices, communion fréquente, prospérité des associations pieuses ; mais il ajouta, sur un ton qui n'était pas prévu, que tout cela, si bien que ce fût, n'était qu'une préface ; que le chrétien doit se distinguer de la société laïque par ses vertus, entre autres par l'horreur du mensonge, de la fraude et de la tromperie, sous quelque forme que ce soit. Il descendit aux détails précis, déclarant que le vol, commis au préjudice de l'Etat par les contrebandiers, n'était pas moins condamnable que le vol ordinaire.

Ce fut un grand scandale. En quelques

jours, toute la France cléricale apprenait qu'il y avait quelque part un évêque qui prêchait contre les vertus « surnaturelles (1) », invitait ses diocésains à faire fi de la messe et du confessionnal. Au près et au loin, les dévotes se signèrent douloureusement et se dirent que l'apparition d'un tel évêque annonçait sans doute celle de l'Antéchrist (2).

Comme on le voit, cette exception même confirme la règle. Presque sans contact avec le peuple, l'épiscopat semble vivre dans une atmosphère de rêve. Je ne m'arrêterai pas à certaines déclarations de guerre à la démocratie qui ont violenté l'opinion, je rappellerai simplement un fait récent et particulièrement grave : le 28 mars 1905, on a vu les cardinaux français se réunir et rédiger un document où ils semblent prendre à tâche de si-

(1) Cet adjectif est devenu le mot à la mode sur les lèvres de nos catholiques du jour. Voir par exemple p. 25, n. 1 et 26 n. 2.

(2) Dans les articles qui relatèrent ces faits Mgr X. était qualifié « Evêque par la grâce de la Gueuse et la volonté de M. Dumay ».

A ce propos un ami m'a écrit disant : « Un idiot

gnifier à la France actuelle qu'ils ignorent les notions les plus élémentaires de sa constitution. Ils ont adressé au président de la République une lettre collective : également coupables, s'ils ignorent que le premier magistrat du pays n'a pas qualité pour recevoir des documents de ce genre, ou si, le sachant, ils ont voulu se montrer au-dessus des lois.

La lettre — est-il nécessaire de l'ajouter ? — n'a eu aucun résultat.

Après cette démarche aussi solennelle qu'intempestive, leurs Eminences sont rentrées dans leurs diocèses, où elles se lamentent et prient pour la France qui ne les entend point.

De divers côtés, on a conjuré les membres de l'épiscopat de se voir, de se réunir, de parler de la séparation imminente, de la dis-

qui écrit dans le journal *l'A*... ce n'est qu'un idiot ; ce n'est pas un fait représentatif. »

Je lui demande bien pardon, c'est un fait représentatif, puisque les articles sont acceptés par la direction de l'*A*... et qu'au lieu de soulever les protestations unanimes des abonnés du journal, ils en font au contraire monter le tirage.

cuter entre eux et avec leurs prêtres, avec le public même et devant l'opinion publique, et d'apporter ainsi leur collaboration à l'œuvre qui se prépare (1). Ces appels n'ont pas été entendus. Les évêques craignent évidemment que leur concours ne soit pas accepté. L'idée même d'élever la voix dans des milieux où leur parole n'aura que sa valeur humaine leur est antipathique.

Avec les évêques dont nous venons de parler, il n'est pas difficile de s'imaginer ce que sera le bas clergé. Les prêtres séculiers de France constituent un corps d'élite, remarquable de solidarité, d'homogénéité, de décorum ; mais, comme tous les grands organismes, il est guetté par des maladies spéciales. Cette forme particulière de formalisme, qu'on pourrait appeler le pharisaïsme, sévit sur le clergé plus cruellement que sur toutes les autres administrations, et avec lui son inséparable sœur : la sacro-sainte routine. Ce sont là du moins les troubles qui frappent,

(1) Voir par exemple H. Hemmer, *Politique religieuse et séparation*, p. 40 ss.

dès l'abord, le spectateur. Il y en a d'autres, moins apparents, mais qui ne sont guère moins redoutables. Le spectre de la délation poursuit sans cesse le prêtre. C'est la peur d'être dénoncé, la terreur que la plus innocente de ses démarches ne soit interprétée à faux, dénaturée, qui a donné à une foule de prêtres français ces allures fuyantes qui révoltent le laïque et qui, plus encore que la soutane, parquent et isolent le prêtre. Dans presque chaque paroisse, il se trouve quelque bonne âme pour faire savoir à l'évêché les lectures ou les fréquentations de M. le Curé; autour de chaque évêque s'improvise un cercle d'espions bénévoles, et bien intentionnés du reste, qui surveillent Monseigneur au profit d'amis, qui, en général, résident à Rome.

Tout cela n'a rien de cohérent, de voulu, d'organisé, mais n'en est que plus impressionnant. Parmi les cardinaux de curie, il y en a d'ordinaire trois ou quatre qui emploient leurs longs loisirs à centraliser les dossiers les plus hétéroclites, en songeant que de cette façon ils connaîtront le personnel, si, au prochain conclave, le bon Dieu jugeait à propos de leur imposer la lourde charge du pontificat.

Le clergé paroissial est formé dans des séminaires dont les méthodes étaient peut-être excellentes au XVIIe siècle, mais qui, depuis lors, n'ont subi aucun changement.

Toute l'éducation que reçoit l'enfant destiné au sacerdoce semble avoir pour but d'établir entre lui et ses concitoyens une cloison étanche. Les jeunes prêtres de Paris qui sortent de Saint-Sulpice n'ont jamais eu un seul journal à leur disposition. Ces hommes qui sont appelés à évangéliser la France actuelle ignorent tout d'elle.

On leur a appris à pourfendre Nestorius et Eutychès, mais on leur a laissé ignorer tous les problèmes qui se posent à la conscience contemporaine.

Pourtant certains d'entre eux ont aperçu quelques coins de nature et de réalité, et, persuadés que leur Eglise est divine, ils veulent aller au devant des multitudes qui se perdent, leur parler, les ramener, les convaincre. Dans l'ardeur et l'enthousiasme de leurs vingt-cinq ans, ils travaillent, étudient, fouillent. Ils conquièrent une licence et quelquefois un bonnet de docteur.

Il semble que la hiérarchie devrait avoir pour eux une bienveillance particulière. Il n'en est rien. En général les évêques se montrent soucieux et préoccupés devant « ces sujets ». Je constate le fait, sans oser l'interpréter. Ce qui est sûr, c'est qu'on pourrait dresser des statistiques bien étonnantes, si l'on étudiait, à Lyon, par exemple, la carrière des prêtres licenciés, comparée à la carrière des prêtres qui ne sont pas même pourvus du baccalauréat ès-lettres.

L'Eglise n'a jamais canonisé l'ignorance, mais, dans bien des diocèses, les choses se passent comme si les évêques voulaient lui donner une prime (1).

Il y a cependant une vertu moderne à laquelle ils font plus grise mine encore, l'initia-

(1) V. P. Saintyves, *La Réforme intellectuelle du clergé*, Paris, in-12, 1904.

tive. Celle-là, c'est le péché contre le Saint-Esprit! le levain de toute hérésie.

Et c'est ainsi que, de quelque côté que nous nous tournions, nous voyons l'Eglise se séparer de la démocratie.

Mais quoi, me dira-t-on, l'Eglise qui, le Vendredi-Saint, au moment d'adorer la croix, prie pour les Juifs, l'Eglise qui, dès le premier siècle de son existence, trouvait des accents d'une émotion infinie pour demander au Seigneur de rassembler amoureusement tous les hommes en une seule famille, l'Eglise dont le soupir a toujours été orienté vers l'union, vers l'universalité, ne saura-t-elle pas trouver des accents nouveaux, pour jeter vers la démocratie une prière qui, comme une sorte de pont bâti par la foi et par l'amour, rapprochera les deux civilisations?

Préoccupé de cette songerie, je montais, il y a quelques jours, vers cette église de Montmartre, vers cette « basilique du Vœu National », dans laquelle le catholicisme français de notre génération a symbolisé ses rêves et ses aspirations. Il était nuit. Aucun des bruits de la gigantesque cité ne franchissait le seuil du temple. L'ostensoir entouré de lumières et de fleurs rayonnait sur l'autel. Tout à coup un chant éclata, entonné rien que par des voix d'hommes :

Pitié, mon Dieu, c'est pour notre patrie
Que nous prions au pied de cet autel...
Pitié, mon Dieu ! si votre main châtie
Un peuple ingrat qui semble vous braver ;
Elle commande à la mort, à la vie,
Par un miracle elle peut nous sauver.

(*Refrain*) Dieu de clémence,
O Dieu vainqueur,
Sauvez Rome et la France
Au nom du Sacré-Cœur.

et j'eus un frémissement et une angoisse, car dans ces voix qui priaient pour la France, on sentait passer toutes les colères, toutes les rancunes, toutes les imprécations d'un moribond qui ne sait ni se résigner à mourir, ni se reconnaître en ses héritiers.

Je conclus donc cet aperçu sur la situation de l'Eglise, en disant que ce qui a perdu l'Eglise en France, ce n'est pas sa dogmatique, c'est sa politique, ou plutôt, si l'on veut être tout à fait juste et précis, ce sont les louches manœuvres qui ont accaparé l'Eglise, malheureusement sans qu'elle élevât devant l'univers une protestation indignée.

III

Conséquences de la dénonciation du concordat.

Ma main se serait refusée à écrire les pages qui précèdent, si je n'avais rien eu à ajouter.

Cette partie de l'Eglise où se sont réfugiés, haineux et épouvantés, les fauteurs de tous les asservissements, puissante encore par les ressources que des gens, hantés par des visions analogues à celles de l'an 1000, peuvent, dans un accès d'affolement, jeter à ses pieds, cette partie de l'Eglise est moribonde, elle est déjà morte.

Mais cette église est-elle toute l'Eglise ? A cette question que nos lecteurs n'ont pas cessé de se poser en lisant ce qui précède, je suis heureux de pouvoir répondre par un non joyeux.

Ma joie étonnera peut-être ceux qui savent que je ne suis pas membre de l'Eglise. Elle est pourtant réelle et profonde. La vie me réjouit partout où je la rencontre. On ne discute pas avec des cadavres.

Encore une fois, les libres penseurs qui confondent Eglise et cléricalisme sont excusables, puisque l'Eglise elle-même n'a jamais nettement séparé sa cause de celle du cléricalisme ; mais des observateurs, qui veulent étudier les groupements religieux, doivent, s'ils ne veulent pas s'égarer, tenir grand compte des minorités.

Or, pendant que l'immense majorité des catholiques français compromettaient la cause de l'Evangile et de la foi, dans quelques presbytères de campagne, dans des cellules de séminaristes ou de moines, se préparaient les prémices d'une génération nouvelle.

Je suis sur un terrain dangereux pour ceux que j'admire. Il y a, sur tous les points de la

France ecclésiastique, des inquisiteurs bénévoles qui, pour des motifs divers, se font les dénonciateurs de leurs collègues (1).

La délation est peut-être la plaie la plus honteuse et la moins connue du clergé de France.

Il ne faut pas que ces pages puissent servir d'acte d'accusation entre les mains des pourvoyeurs du S. Office. Je ne rappellerai donc ici que des faits publics, et seulement une très petite partie de ce qui devrait être dit (2).

(1) « On sent, à lire certains articles, a dit M. Fonsegrive, directeur de *la Quinzaine*, la joie que donnerait à certains hommes la chute, l'hérésie déclarée de quelques catholiques, prêtres ou laïques, qu'ils n'aiment pas. Semblables à ces oiseaux qui viennent voler autour des maisons où la mort va se poser, ils crient déjà de plaisir dans l'attente du cadavre.

« Oiseaux noirs, oiseaux immondes, nous n'aurons jamais assez de mépris pour leur ingrate nature, assez de pitié pour leur misère, assez de tristesse pour leur aveuglement. »

(2) Il y a aussi une autre raison à cette réserve : c'est que parfois, souvent même, certains membres du clergé étalent un libéralisme superficiel, destiné

Qu'il y ait dans le clergé catholique de France un immense changement au point de vue scientifique, c'est ce qu'a fait éclater le merveilleux succès des ouvrages de l'abbé Loisy. Les livres du célèbre exégète ne s'adressent pas au grand public : les libres penseurs, en général, n'ont pas compris grand'-chose à la crise provoquée par ce prêtre qui veut rester prêtre. Les protestants lui ont jeté un coup d'œil distrait, et, sans comprendre davantage, ont passé, en se figurant que

dans leur pensée à leur faciliter les relations avec ceux qu'ils combattent.

Il serait donc naïf de faire fond sur des convictions de ce genre, mais il serait peut-être injuste, et à coup sûr maladroit, de les accuser de duplicité et d'hypocrisie.

Soyons heureux lorsque nous voyons des prêtres, trop enthousiastes ou trop habiles, sortir des sacristies venant à nous avec le rameau d'olivier ; qu'importe que ce soit une ruse ! Si nous sommes ce que nous devons être, ils n'y rentreront que pour en ouvrir les fenêtres et y faire circuler l'air et la lumière.

La critique, la pensée libre, la démocratie, le socialisme sont désormais assez sûrs de l'avenir pour se montrer patients, généreux, magnanimes.

l'exégèse de M. Loisy n'est guère qu'une reproduction de l'exégèse protestante.

C'est donc surtout dans les milieux catholiques que M. Loisy a trouvé, d'un côté, des amis et des disciples enthousiastes, de l'autre, des adversaires acharnés.

L'émotion fut grande. Calmée en apparence, elle n'attend qu'une occasion pour se manifester de nouveau, angoissante, tragique.

Ce que M. Loisy a fait en conquérant la liberté de l'exégèse, M. Chaine (voir p. 51, n. 1) et les abbés Dabry (1), Lemire, Naudet l'ont fait au point de vue politique; le chanoine Ulysse Chevalier, Mgr Duchesne, l'abbé Houtin, et le P. Delehaye, au point de vue historique. Enfin M. Ed. Le Roy vient de le faire avec éclat sur le terrain délicat entre tous, celui du dogme. Jamais, depuis des siècles, on n'avait entendu des catholiques parler sur

(1) C'est de M. Dabry qu'est la savoureuse phrase: « Ne pourrait-il pas y avoir le pèlerinage des prêtres qui iraient se faire baptiser hommes? » Voir aussi p. 12, n. 1.

ce ton. Tout à coup l'abîme entre eux et la pensée libre disparaît.

M. Edouard Le Roy est laïque. Mais cela même n'est-il pas significatif? N'est-ce pas un spectacle étrangement nouveau que de voir un membre de l'Eglise enseignée se lever et, avec autant de simplicité que de fermeté, demander des explications à sa mère? Les catholiques d'hier et ceux de demain sont d'accord pour chanter avec une foi pareille et un amour égal : *Credo unam sanctam catholicam et apostolicam Ecclesiam*, mais les premiers ont mis une sorte de point d'honneur à se confier à leur mère, les yeux fermés. Ils éprouvent une voluptueuse sensation à s'abandonner entre ses bras et à s'y endormir, oubliant la tempête qui gronde. Les autres ouvrent les yeux, tantôt par curiosité, tantôt par vaillance et virilité. Il n'y a pas contradiction entre les deux états d'âme. Le P. Portalié a levé les bras au ciel et s'est écrié : « C'est la fin du catholicisme (1) ! » Non, mon très Ré-

(1) Etudes des PP. Jésuites, 82, rue Bonaparte, Paris, n° du 20 juillet 1905, p. 162.

vérend Père, c'est la fin d'un catholicisme et l'avènement d'un catholicisme nouveau, ou plutôt c'est une montée de sève nouvelle dans le vieux tronc religieux.

Sainte Mère Eglise, mal conseillée, pourra, dans un accès de colère — quoique j'aie bien de la peine à croire qu'à l'instant solennel, elle fasse les gestes décisifs (*Numquid oblivisci potest mater infantem suum?*) — désavouer les fils de ses entrailles, mais elle ne pourra pas effacer de l'histoire ce fait qu'elle est leur mère.

Il ne s'agit donc pas ici d'hérésie, ni de schisme. Les associations anticléricales et les rares sectes protestantes qui guettent le mouvement de rénovation catholique, espérant qu'il finira par dévier de leur côté se font complètement illusion. Il y a là quelque chose de plus organique, de plus profond que le mouvement des « Evadés ».

Le protestantisme, pour lequel j'ai la plus haute estime et un peu d'admiration, a dispersé sur le territoire de la France de nombreux et respectables lieux de culte. Il y en a pour tous les goûts, ou peu s'en faut. Et pourtant, les hommes dont je m'occupe ne songeront même pas à s'y reposer un instant. La raison en est simple. Le protestantisme leur apparaît comme un grand fait historique, mais comme un fait du passé.

« Nous ne sommes plus au temps des hérésies partielles », dit M. Le Roy, et après avoir ainsi, d'un trait de plume, déclaré aux tentatives réformatrices du passé combien elles sont inadéquates, en présence des besoins de l'heure actuelle, il constate que « c'est l'idée même de dogme qui répugne, qui fait scandale » (p. 499).

Nous voici aussi loin de M. Harnack et de Calvin ou de Luther, que du cléricalisme figé qui se croit seul orthodoxe.

« Nulle autorité ne peut faire ou empêcher que je trouve un raisonnement solide ou fragile, ni surtout que telle ou telle notion ait ou n'ait pas de sens pour moi. Je ne dis pas seulement qu'elle n'en a point le droit, mais que c'est chose radicalement impossible, car, en définitive, c'est moi qui pense, et non l'autorité qui pense pour moi. Contre ce fait rien ne saurait prévaloir. Moi-même je ne puis me contraindre ou m'interdire de rencontrer la satisfaction de l'évidence ici ou là » (p. 507).

Voilà un *non possumus* singulièrement net. Et notez bien qu'il n'a pas paru dans une brochure isolée, lancée à travers le monde par son auteur, sans engager aucune responsabilité; il a paru dans *la Quinzaine* (1), la brillante revue que dirige depuis six ans le professeur Fonsegrive (Yves le Querdec). M. Le Roy fait donc partie d'un groupe qui se sent assez fort pour voir venir, sans trop d'inquiétude, les lamentations et les colères de ses adversaires (2).

(1) Numéro du 16 avril 1905, p. 495-526, 45, rue Vaneau, Paris-VII° (1 fr. 50 le numéro).

(2) Si du côté de ceux pour qui la foi est un esclavage et une abdication, les lamentations, les colères, les dénonciations ont été plus vives et plus bruyantes qu'on n'avait pu le prévoir, du côté des jeunes il y a eu comme une joie de vivre, de penser, de pouvoir regarder la vérité en face, qui les a fait tressaillir. On pourrait déjà composer toute une bibliothèque rien que de travaux provoqués par l'article de M. Le Roy, et l'agitation ne fait que s'étendre et s'intensifier.

Les conservateurs à outrance — est-il nécessaire

Ce sont des faits de ce genre qui donnent à ce qui se passe en France, à l'heure actuelle,

de le noter? — n'ont pas même songé à répondre à leur contradicteur. Ils ne connaissent qu'une arme, la condamnation; qu'un tribunal, celui du S. Office. Ils ont porté leurs dénonciations à Rome, et n'ont su que se plaindre qu'on ait agité en public des questions réservées.

On se demande avec stupeur ce que peuvent signifier dans notre civilisation des condamnations d'idées et de systèmes, suivies de soumissions qui rappellent des méthodes dont on a de la peine à se représenter l'usage en plein moyen âge, et qui, de nos jours, font l'effet d'un non sens et d'une ineptie.

La condamnation appliquée aux choses de l'esprit ne provoque plus même notre révolte. Il n'y a place sur les lèvres des spectateurs, toujours plus rares, de ces exécutions que pour un sourire de dédain ou de pitié.

Il ne faudrait pas beaucoup de victoires comme celle que l'orthodoxie intégrale a cru remporter par le blâme adressé à l'abbé Sertillanges, pour achever sa ruine.

Auteur connu, prédicateur apprécié et ci-devant membre de l'Ordre de Saint-Dominique, celui-ci avait naïvement cru que sa situation de professeur de philosophie à l'Institut Catholique de Paris lui faisait un devoir d'étudier en toute liberté les thèses de M. Le Roy. Quelle erreur impardonnable! On le lui fit bien voir. Comment? On ne nous l'a pas dit, car ce procès, comme tant d'autres, s'est déroulé à huis

un immense intérêt. Les gémissements de

clos et on ne nous a livré que les lignes par lesquelles l'imprudent professeur a demandé pardon de son erreur. Voici le document éloquent dans sa brièveté, tel qu'il a paru dans la *Croix* du 26-27 nov. 1905, et avec la phrase préliminaire dont l'a orné le pieux journal :

« Son Eminence le cardinal archevêque de Paris a reçu une lettre de M. l'abbé Sertillanges, que nous sommes autorisés à publier et que nous publions en félicitant son auteur d'une attitude si conforme à son devoir sacerdotal :

« Eminence,

« J'apprends à l'instant que NN. SS. les évêques protecteurs de l'Institut catholique ont désapprouvé l'attitude que j'ai prise à propos de la question posée par M. Le Roy : Qu'est-ce qu'un dogme ?

« En parlant comme je l'ai fait, je croyais sincèrement faire œuvre utile, et exercer dans l'esprit de la Sainte Eglise mon rôle d'apologiste de la religion.

« Mais, puisque mes chefs naturels en ont jugé autrement, je m'en remets de tout cœur à leur haute sagesse et désavoue sans restriction aucune ce qui, dans les écrits en cause, a pu leur paraître inexact ou imprudent.

« Daignez agréer, Monseigneur, l'hommage des respectueux sentiments avec lesquels j'ai l'honneur d'être de Votre Eminence, le fils très obéissant.

« A.-D. Sertillanges,

« professeur à l'Institut catholique de Paris ».

ceux qui crient à la spoliation et à la persécution sont soudain couverts par les fanfares de groupes inattendus.

Une hirondelle ne fait pas le printemps, mais il suffit de se placer un instant en observation, pour en voir arriver de tous les points de l'horizon. A Lyon, M. Pierre Jay vient de fonder, sous le nom de *Demain* (1), une Revue hebdomadaire dont le prospectus a des accents de proclamation :

« La France catholique se meurt. Mais elle succombe beaucoup moins aux attaques de ses ennemis qu'aux défaillances et aux déformations qu'elle s'inflige à elle-même dans son propre sein. L'inefficacité d'une religion mal comprise et mal pratiquée à retenir la vie qui se retire de nous, surprend beaucoup d'observateurs à courte vue. Ce phénomène de stérilité est des plus explicables cependant : la France catholique est de moins en moins chrétienne. Sa forme religieuse lui reste assu-

(1) 10 francs par an pour la France, 12 fr. 50 pour l'Union postale. Bureaux, 2, rue Simon-Maupin, à Lyon.

rément. Mais le vase baptisé se vide chaque jour de son contenu spirituel et moral. De telle sorte qu'il ne subsiste plus guère, chez nombre des nôtres, que l'habitude de gestes et de rites dont ils ne savent plus le sens profond ni la fécondité. Comment s'étonner ensuite si le simulacre religieux demeure sans résultat! Il s'agit donc de nous guérir tout d'abord nous-mêmes de notre propre mal. Et, puisqu'il est bien démontré que les décadences sociales sur lesquelles tant de pharisiens, éternels frappeurs de la poitrine d'autrui, s'offrent le triste plaisir de se lamenter toujours, sans avoir l'humilité de s'en accuser jamais, ont premièrement en nous leur principe, nous combattrons moins les ennemis du dehors que nous ne trancherons au dedans de nous-mêmes. Nous pourchasserons de toutes nos forces, à travers la foule, la misère intellectuelle. Pour subsister désormais en France, le christianisme doit se désolidariser de tous les partis de réaction, aussi bien de réaction intellectuelle que de réaction sociale et politique. L'esprit critique a pénétré dans tous les domaines; rien de l'arrêtera plus. Le meilleur est de s'en accommoder et de ne faire usage que de procédés scientifiques. Pour nous, toute vérité démontrée sera une vérité orthodoxe. »

Ah! je le sais bien, quelques-uns penseront peut-être qu'il s'agit d'une savante manœuvre destinée à tromper l'opinion, d'un ralliement d'un genre nouveau. Mais quel droit avons-nous de suspecter la bonne foi de ceux qui ont écrit ou signé cela? il y a des paroles à l'accent desquelles on ne se trompe pas.

Ce que je puis affirmer de science certaine, c'est que l'appel de *Demain* aurait été signé par des centaines d'autres ecclésiastiques, si la peur des dénonciations de Mgr Turinaz, de Mgr Delassus, de l'abbé Maignen ou du P. Fontaine n'avait pas fait tomber la plume de beaucoup de mains.

Les jeunes sont légion, et désormais rien ne les arrêtera (1). Tous les catholiques dont je

(1) Au moment où j'écrivais ces lignes, m'est arrivé le numéro d'octobre des *Annales de philosophie chrétienne* (Revue mensuelle, 20 fr. par an, 2 fr. le numéro, librairie Bloud), dont l'abbé Laberthonnière vient de prendre la direction. L'article pro-

viens de parler ont deviné les nouvelles destinées vers lesquelles s'achemine la France.

gramme a un ton très analogue à celui de *Demain*. Tous ceux qu'intéresse l'évolution des idées feront bien de le lire. Ces messieurs ont eu la bonne fortune de trouver dans saint Augustin (*De Trin.*, IX, I) un passage que ne désavouerait pas la philosophie la plus actuelle. Ils l'ont pris pour devise : « Cherchons donc, comme cherchent ceux qui doivent trouver, et trouvons comme ceux qui doivent chercher encore ; car il est dit : « *L'homme qui est arrivé au terme ne fait que commencer* ».

Les pages qui suivent sont traversées par un admirable souffle de foi en la vérité, en l'avenir, d'optimisme joyeux. On voudrait tout citer. La nouvelle direction de la Revue ne voit pas dans la croyance un arrêt de la pensée, mais au contraire une sorte de ressort destiné à la mettre en mouvement : « S'il en est qui, sous prétexte de croire avec fermeté et fidélité, considèrent ou se comportent comme s'ils considéraient qu'ils ne doivent pas réfléchir sur la croyance, et se fixent ainsi dans un dogmatisme verbal, immobile et exclusif, nous leur dirons qu'au lieu de se grandir à la mesure de la vérité, comme ils y prétendent, c'est la vérité qu'ils rapetissent à leur mesure et qu'au lieu de sortir d'eux-mêmes ils s'y renferment (p. 10)... Toute soumission qui ne vient pas du fond même de l'être, qui n'est pas une adhésion consentie, sur un motif spirituel, se trouve par le fait même illusoire et caduque (p. 15)... Une autorité, quelle qu'elle soit, ne peut jamais faire en

On s'en va répétant qu'elle est anti-chrétienne et anti-religieuse. Ceux qui le disent ont besoin de le croire, afin de pouvoir maudire ses aspirations. En réalité, la France n'est qu'anticléricale, et le cléricalisme, pour elle, est, dans son sens le plus vaste, le trafic des choses saintes. Elle s'étonne, se scandalise, s'indigne, lorsqu'elle voit le prêtre devenir le chef des bandes électorales du comte de Chambord ou

nous sans nous rien qui vaille pour le développement de notre vie morale et religieuse (p. 17)... Vouloir se contenter d'être catholique « par grâce » c'est-à-dire sans qu'on y soit pour rien sous prétexte de l'être mieux ou de l'être tout à fait, ce n'est pas seulement courir le danger de ne l'être plus, c'est avoir cessé de l'être, quelque apparence que l'on en garde (p. 20). De la demeure spirituelle où, fidèles du Christ, nous habitons sous la protection de Pierre, on ne peut nous contester le droit, si nous savons l'exercer, de montrer aux initiés des mystères d'Eleusis que leurs pensées même les plus ésotériques ne nous échappent ni ne nous effraient, et que s'ils veulent jusqu'au bout chercher la lumière, aimer la vérité, cultiver la liberté intérieure, ils se joindront à nous (p. 21). »

Je ne crois pas me tromper en disant que ces vœux paraîtront fort légitimes à la libre pensée, et qu'ils seront salués avec joie par ses représentants les plus incontestés.

BIBLIOTHÈQUE NATIONALE R.F. IMPRIMÉS

de M. Boulanger, et elle est prise d'un malaise presque aussi pénible, lorsqu'un pasteur, haranguant le président de la République, lui rappelle d'un ton peu discret le dévouement des protestants aux institutions démocratiques.

La Libre-Pensée française, dans sa grande majorité, n'a, quoi qu'on en dise, aucune rage anti-chrétienne. Elle l'a bien montré lors de l'apparition du dernier ouvrage de M. Loisy. Elle a bravement applaudi. Et pourtant M. Loisy serait pour elle un adversaire tout autrement redoutable que ceux qui se donnent pour les défenseurs attitrés de l'orthodoxie. Les apologies du traditionalisme intégral pourront bien satisfaire des sacristains ou des dévotes qui n'ont aucun besoin ni même aucune notion d'activité intellectuelle; mais elles ne peuvent que compromettre l'Eglise devant les intellectuels.

Parmi tous les spectacles intéressants que nous offre la vie actuelle, je n'en vois pas de plus grand que celui de cette rencontre inopinée des jeunes catholiques avec les penseurs libres.

Ecoutez par exemple ce que dit, dans un article de *Demain*, que je voudrais citer tout entier (n° du 5 janvier 1906), le Dr Marcel Rifaux :

Il n'est pas niable que nous sommes les témoins d'une véritable transformation de la conscience catholique. Chaque jour grandit, en effet, le nombre de ceux qui ne se contentent plus d'un catholicisme inconscient, servile, machinal.

De plus en plus, il est admis que le premier devoir d'un catholique est la mise en œuvre de toutes les ressources de la raison, car la raison, semence divine, est ce qui distingue essentiellement l'homme de l'animal. Or, l'exercice légitime de la raison ne s'entend point sans la participation consciente de tout notre être au laborieux travail de la compréhension de la vérité.

En religion, en morale, comme, du reste, en histoire, en sciences naturelles ou médicales, rien n'est acquis, valable et profitable pour l'individu que dans la mesure exacte où il s'est non seulement incorporé, mais encore assimilé l'enseignement reçu.

Tout individu qui se contente de recevoir passivement, sans aucune coopération personnelle, est un être dynamiquement inférieur, une personnalité faible, une cellule sans noyau, destinée fatalement à disparaître devant une personnalité plus forte.

Pendant de longues années, les catholiques furent, en grande majorité, des êtres absolument passifs. Il était communément reçu que le travail d'approfondissement de la foi devait être l'apanage unique des théologiens patentés. La masse des fidèles devait se résigner à recevoir l'enseignement doctrinal comme le vase reçoit la liqueur que l'on y verse. Tout effet de contrôle de la part de l'enseigné était sinon condamné, du moins asservi, réprimé, disqualifié.

Sous prétexte de protéger la foi, on entourait l'esprit du croyant de bandelettes mystiques, toutes parfumées d'aromates et d'encens, traitant le chrétien comme on traiterait une momie et non comme un organisme vivant destiné à agir et à réagir. Mais comme les nefs et les verrières de nos cathédrales ou les chapelles toutes enluminées de nos collèges ne pouvaient pas être et ne devaient pas être le seul théâtre de l'activité humaine, une armure si fragile et si délicate était infailliblement le jouet de tous les vents vigoureux qui soufflaient du dehors.

. . . .

L'incrédule ou le croyant sont tenus, au même titre, de connaître les raisons de leur incrédulité ou de leur foi. La loyauté de leur attitude relève de cet examen. Une conviction qui ne saurait résister à l'effort de l'analyse critique est une conviction nécessairement fausse, indigne de soutenir celui qui la vit, et, en dépit des apparences, parfaitement *immorale*. L'autorité elle-même, si sainte et si sacrée soit-elle, ne peut exciper d'un privilège. Elle doit produire ses titres de créance et ne peut s'imposer ni être admise du dedans, qu'à la condition d'être librement acceptée et non machinalement subie.

. . . .

Forts de la valeur vécue de leur foi, les jeunes catholiques ouvrent largement leurs yeux aux lumières nouvelles. Ils éprouvent le besoin de ne conserver dans leur esprit aucune région obscure, et se font même un devoir d'avouer les difficultés qui les embarrassent.

Très attentifs à toutes les manifestations de la pensée religieuse, ils ne se flattent pas de rallier tous les suffrages et d'éviter les anathèmes des petites chapelles ; ils méconnaîtraient ainsi les lois de la pyschologie la plus élémentaire. On n'arrache pas de vieilles habitudes sans provoquer des réactions de défense ; on ne tranche pas dans le vif certains tissus morbides sans provoquer de cruelles blessures. Ils ont assez de sagesse et de philosophie pour le comprendre. Ils savent fort bien que les rénovations les plus urgentes ont néanmoins besoin du concours du temps. Avant d'accepter et de vivre une idée nouvelle, il faut d'abord se familiariser avec elle, l'introduire dans son intimité et lentement se l'assimiler. A vouloir brûler les étapes, on risque de perdre haleine et de compromettre les meilleures causes.

Beaucoup de jeunes catholiques, clercs ou laïques, se disent maintenant tout cela. Nulle puissance au monde ne saurait mettre en échec leur volonté, convaincus qu'ils sont de rester ainsi fidèles non seulement à la loi du progrès, mais encore et surtout aux aspirations qui jaillissent de la source la plus pure de l'Evangile.

De telles pages sont à méditer. Ce n'est pas de l'incrédulité qu'elles procèdent, c'est de la foi. Si le Dr Marcel Rifaux a l'air de se

séparer de beaucoup de ses coreligionnaires, ce n'est pas pour leur fausser compagnie, c'est pour les précéder sur la voie où ils sont engagés les uns et les autres.

Ce dont il faut lui savoir un gré immense, ce n'est pas d'avoir vu, après tant d'autres, qu'au point de vue intellectuel certaines attitudes sont insoutenables, c'est d'avoir vu et d'avoir dit que ces attitudes sont insoutenables du point de vue *moral*, et qu'elles constituent une déchéance *religieuse*.

Une grande crise intellectuelle, religieuse, morale, sociale, se prépare dans beaucoup de consciences. En mesurer l'origine, la profondeur et la portée, ne sera sans doute jamais possible. Qui nous raconterait l'histoire du grain de blé durant sa germination dans le sein de la terre ?

J'ai pourtant pu un instant contempler de tout près cette germination d'une vie nouvelle au sein de la vieille Eglise, et j'en ai gardé un indicible souvenir. C'était il y a quelques mois, chez un professeur de séminaire dont j'étais l'hôte. Le soir, un jeune diacre me remit un gros cahier manuscrit, sorte de journal confidentiel où, depuis trois ans, quelques élèves de ce grand séminaire ont écrit leurs préoccupations, leurs angoisses, leur idéal, leurs rêves, leur foi. Jamais je n'ai rien vu d'aussi poignant à certains égards, de si grand et de si viril à d'autres. Que de fois, en croisant des cortèges de séminaristes, j'ai été attristé de la fréquence des visages hypocrites, fatigués, blasés, stupides ou grossièrement sceptiques. Quel bonheur de penser que le régime suranné suivi dans ces établissements n'a pas pu empêcher l'éclosion des fleurs nouvelles !

La note dominante dans les pages que je lus, c'était un énergique besoin de sincérité, de virilité, d'effort, d'initiative, c'était la défiance instinctive du miracle, de la dévotion mécanique, des rites et des incantations, et c'était en même temps un indicible amour pour l'humanité actuelle.

Que se passera-t-il, quand la France connaîtra ce nouveau clergé ? quand elle verra devant elle des prêtres qui ne songeront même pas à s'occuper de politique; qui, au lieu d'être les esclaves du passé, en seront les fils reconnaissants, respectueux et intelligents; qui seront des témoins de l'ancienne foi, en hommes pour lesquels la foi est essentiellement une force de vie, d'évolution et de progrès; qui, sans perdre leur temps à défendre ou à attaquer les dogmes et les formules où la pensée des siècles disparus a résumé ses vues, seront les apôtres de la paix entre les nations, les collaborateurs désintéressés de toutes les entreprises généreuses, les adversaires infatigables de toutes les iniquités; qui montreront dans le chrétien non pas l'homme prédisposé, par l'abdication intellectuelle, à toutes les passivités et à toutes les servitudes, mais montreront en lui le témoin par excellence de la liberté, celui sur lequel aucune tyrannie n'a de prise?

Je crois que, ce jour-là, la France sera saisie d'une indescriptible émotion. Et si, parmi les prêtres dont je viens de parler et les penseurs libres à côté desquels ils se trouveront tout naturellement, il y a quelque prophète au cœur débordant et au verbe enflammé, nous aurons dans ce pays un réveil de foi tel qu'on n'en a vu nulle part ailleurs. . .

Ah, j'entends bien les impatiences de ces Messieurs du Saint-Office, cherchant ici à lire entre les lignes, et je devine leurs questions : « Ces catholiques dont vous parlez seront-ils dans l'Eglise ou hors de l'Eglise ? (Ce qui traduit en latin veut dire : allons-nous sévir contre eux ?) » Je répondrais très volontiers à la question de leurs Eminences, si je le pouvais. Malheureusement, les phénomènes historiques ne se gênent pas pour refuser d'entrer dans les catégories de nos pauvres intelligences et dans les cartons de nos dossiers.

Il y a une douzaine de pêcheurs de la Galilée qui jadis donnèrent fort à faire au Sacré-Collège de ce temps-là. C'étaient de fort mauvais juifs, puisqu'ils violaient le sabbat, faisaient un triage dans les préceptes de la loi et se permettaient même de les interpréter ; et c'étaient pourtant de fort bons juifs, puisque c'est grâce à eux que le judaïsme est devenu la préface du christianisme. Pas plus alors qu'aujourd'hui ceci ne tuera cela. Le christianisme d'aujourd'hui, avec ses Pharisiens et ses Sadducéens, entrera dans l'histoire et sera remplacé par une civilisation nouvelle. Ceci ne tuera pas cela. Ceci sortira de cela (1).

Si l'esquisse que j'ai essayé de tracer est exacte, si les faits qui se passent en France sont bien tels que je viens de les décrire, le lecteur peut de lui-même en tirer les conclusions et s'imaginer quels seront les résultats de la dénonciation du concordat.

J'ai tâché de montrer que dans l'Eglise il y a deux catholicismes, celui d'hier et celui de demain. La dénonciation du concordat achèvera la déroute du catholicisme d'hier ou cléricalisme. Je n'ignore pas qu'il pourra, pendant quelques années, paraître plus fort que jamais. Il pourra suffire dans certains milieux de quelques irresponsables pour provoquer des explosions de fanatisme. Mais cela aura

(1) On trouvera de quoi compléter tout ce que je dis ici dans un très intéressant volume de l'abbé Klein : *Quelques motifs d'espérer* (Paris, in-12, 1904).

juste autant de valeur que les manifestations des paysans de la Bretagne ou du Velay, quand la police veut arrêter un sorcier ou un charlatan.

Les adversaires de la démocratie crieront, gémiront ; dans leur épouvante ils jetteront leur or à pleines mains pour provoquer des désordres. Mais cette alliance elle-même des partis de réaction avec les catholiques cléricaux achèvera de discréditer ceux-ci.

Ces catholiques-là ont toujours été des émigrés à l'intérieur. Et lorsque le cléricalisme nous convie à jeter les yeux du côté de l'Allemagne, à admirer l'édifiant spectacle de Guillaume II recherchant l'appui du Vatican, les jeunes catholiques français sont plus scandalisés que les libres penseurs eux-mêmes. Les scènes qui se sont déroulées au Congrès des catholiques allemands à Strasbourg ont profondément ému leur conscience. C'est avec une profonde stupeur et une réelle tristesse que la France en a eu l'écho. Cela ne vous regardait pas, dira-t-on. Mais quel est l'homme qu'un naufrage n'émeut pas? Les éclats de joie du catholicisme allemand nous ont attristés, comme nous attriste la joie des pauvres filles qui ont sacrifié leur jeunesse à quelque baron de la finance.

Cette concentration du cléricalisme et son alliance avec le despotisme fera que les jeunes catholiques se rapprocheront de plus en plus de la démocratie et de la libre pensée. M. Jaurès et M. l'abbé Hemmer se sont donné rendez-vous sur le terrain de la liberté et de la raison (1). Et l'hiver dernier on a eu à Paris le spectacle nouveau de conversations où les chefs de la libre-pensée MM. Buisson, Séailles, Seignobos, discutaient amicalement avec quelques-uns des membres les plus en vue du clergé catholique sur la séparation. Les libres entretiens recommenceront (2).

(1) V. Hemmer, p. 54. Le 4 février, on a vu des catholiques de premier plan, tels que l'abbé Sertillanges et Marc Sangnier, tendre la main à F. Buisson, l'un des présidents de la Société nationale des libres penseurs de France, ainsi qu'à un célèbre et vaillant pasteur M. Louis Comte, et s'associer à eux pour une protestation solennelle contre la pornographie.

(2) Voici quelques indications empruntées à leur

Or ce contact entre la démocratie et les jeunes catholiques aura naturellement des effets profonds sur la démocratie. Déjà on sent sourdre, chez quelques-uns des représen-

programme : Les « Libres entretiens », organisés par M. Paul Desjardins, sont des conversations réellement tenues, sur les plus graves questions actuelles, par des personnes désireuses de s'instruire mutuellement, suivant la méthode critique. A ces conversations sont invités, à titre de consultants, les hommes les mieux informés de chaque question.

Elles se tiennent le dimanche à 4 heures, toutes les trois semaines, dans l'atelier de l'Union pour la Vérité (6, impasse Ronsin, 152, rue de Vaugirard, Paris-XVe).

Il paraît toutes les semaines, sous le titre de « Libres entretiens », des comptes rendus *in-extenso* et très soignés de ces conversations, revus par les interlocuteurs mêmes.

La série en cours (1905-1906) porte sur l'Internationalisme. On se propose d'analyser, objectivement et critiquement, les faits d'ordre économique, social, politique, juridique, intellectuel, qui modifient présentement les rapports des nations civilisées. On cherche, avec une sérénité entièrement libre, si ces faits de tout ordre obligent à reviser les enseignements et les sentiments traditionnels touchant la Patrie. Dates des prochains entretiens : 11 mars, 1er et 29 avril, 20 mai et 10 juin 1906.

Cotisation annuelle minima des associés : 6 francs. Carte d'entrée pour la série : 4 francs.

tants du socialisme, des préoccupations morales et des aspirations religieuses. C'est de ce côté que la lutte contre l'alcoolisme, contre la pornographie, contre la traite des blanches, contre les guerres, a trouvé ses coopérateurs les plus efficaces. Ce n'est qu'un commencement. La France, désormais, comprend la vanité de la politique et du plaisir facile. Elle cherche ! elle cherche un idéal qu'elle ne chercherait pas si bien si, suivant le mot de Pascal, elle ne l'avait déjà trouvé.

Prêtez l'oreille aux paroles que disent au peuple quelques-uns de ses conducteurs les plus écoutés. Ce sont ceux que le cléricalisme a voulu déshonorer en les appelant les pontifes de la libre pensée : les Berthelot, les Buisson (1), les Séailles (2). Certes, on pourrait

(1) Voir en particulier parmi les ouvrages de M. Buisson : La Religion, la Morale et la Science, leur conflit dans l'éducation contemporaine, quatre conférences faites à l'Aula de l'Université de Genève (Paris, in-12, 1900, 3 fr. 50) ; Libre Pensée et protestantisme libéral, par F. Buisson et Ch. Wagner (Paris, in-12, 1903, 2 fr.).

(2) Voici quelques fragments empruntés au beau vo-

souhaiter aux fidèles de beaucoup d'églises d'avoir su se donner de pareils représentants.

lume de M. G. Séailles, Les Affirmations de la conscience moderne (Paris, in-12, 1904, 3 fr. 50) et transcrits au courant de la plume :

« Les incrédules le plus souvent ne font que retourner le fanatisme : en rejetant la religion, ils gardent tous les mauvais sentiments qu'elle peut inspirer (p. 1).

. . . .

« Agir moralement c'est affirmer, contre l'apparence, que le mal n'est pas ce qui est, qu'il a quelque chose d'un accident, que le bien marque le vrai sens des choses ; c'est, en décidant pour soi, se prononcer sur le tout ; c'est faire acte de foi dans la réalité de l'ordre moral. Nous affirmons avec Socrate au seuil de la mort, qu'aucun mal ne peut arriver à l'homme de bien ; nous jetons nos efforts, nos sacrifices dans l'océan tumultueux des faits, avec la confiance que du sang et des larmes quelque chose se fait qui mérite d'être, qui doit être et qui sera. La vie morale fortifie la foi qu'elle implique : au terme, nous dit Spinosa, l'homme éprouve qu'il est éternel, que par la raison, par la liberté, son être se fonde dans l'Etre véritable, s'édifie en Dieu ; agir moralement, c'est alors vouloir avec Dieu, c'est vouloir Dieu, c'est l'aimer ; par là c'est de plus en plus, en descendant en soi-même, s'unir à lui, sentir comme sa présence réelle... Loin d'être l'école athée, l'école sans Dieu, qui prépare une génération de fanatiques à rebours [L'Ecole laïque] doit, en pénétrant son enseignement tout entier de l'idée morale, fortifier

Pontifes d'un genre bien nouveau, puisqu'ils n'excommunient personne et ne cessent de

dans tous les cœurs ce sentiment d'une justice immanente, d'un ordre moral, d'une relation à Dieu, qui, sans préjuger la vérité d'aucune religion positive, donne la seule chose qu'il soit permis désormais à l'Etat de donner à tous, la vérité supérieure, que les religions ne font que traduire, vivifier dans les symboles entre lesquels il ne lui appartient pas de décider (p. 148 s.).

. . . .

« Le libre examen n'est pas le droit de décréter son opinion, de proclamer sa propre infaillibilité, il est le devoir de douter où il faut, d'éviter la précipitation, de contenir ses passions et ses préjugés ; il est l'effort méritoire pour obéir à Dieu en retrouvant sa pensée.

« Mais en obéissant à Dieu, nous nous soumettons à notre propre raison, car notre raison est unie à la pensée divine, et ce n'est pas du dehors que la vérité nous est imposée, c'est en nous-mêmes que nous la découvrons comme notre loi, comme notre bien, comme ce qui nous réalise, nous achève, nous donne l'être véritable (p. 185).

. . . .

« Hélas ! il est plus difficile qu'on ne l'imagine de ne point faire de métaphysique : la pire de toutes est celle qui s'ignore, qui ne croit être que l'expression des faits, quand elle en est une interprétation arbitraire. L'athéisme est une de ces métaphysiques qui s'ignorent (p. 229). »

prêcher à leurs fidèles le respect de toutes les convictions.

Tant pis pour les vieilles églises, si elles n'aperçoivent pas le changement immense qui est en train de s'effectuer dans la pensée du peuple de France, si elles s'obstinent à croire que les chefs les plus écoutés de la démocratie ne sont que des démagogues surexcitant par leurs violences les appétits des foules (1).

Ces temps-là sont passés, et il n'est pas rare

(1) Je constate, non sans joie, que le caractère moral et religieux des aspirations actuelles, même les plus extrêmes, a été signalé par un chrétien contemporain, T. Fallot, *Le Livre de l'Action Bonne* (Paris, 1905, in-12, Librairie Fischbacher).

« Le socialisme révolutionnaire, écrit-il (p. 276 et 277), est un fait extraordinairement complexe, un monde en fusion, où le bien et le mal, les aspirations les plus légitimes et les appétits les plus grossiers, se livrent une lutte furieuse. Il faut donc s'élever très haut pour acquérir quelques vues d'ensemble et se reconnaître dans ce chaos. Je n'ai pas à m'occuper ici de la signification économique de ce mouvement, mais j'affirme qu'il est impossible de lui dénier une haute portée morale. Il est une protestation passionnée contre l'iniquité et un effort gigantesque pour constituer le globe dans la justice. »

de trouver dans des feuilles révolutionnaires des pages qui font penser à Isaïe ou à S. Paul. Je ne veux pas canoniser M. Deherme, mais si on mettait dans une balance la collection de sa *Coopération des idées*, et de l'autre quelques-uns des recueils de sermons les plus en vogue, de quel côté trouverait-on le plus de préoccupations religieuses, de zèle désintéressé pour le progrès moral de notre génération? *Dixit illis Jesus : Amen dico vobis quia publicani et meretrices præcedent vos in regnum Dei.*

J'ouvre le dernier numéro de la publication de cet incrédule, et j'y lis : « Jamais l'homme n'eut à sa disposition un matériel aussi puissant, une réserve aussi riche, jamais il ne fut assuré d'une sécurité aussi complète et d'un bien-être aussi constant, et jamais il ne fut aussi près du désespoir et, avec toute sa science et ses richesses, aussi misérable au fond. Que chacun regarde autour de soi, outre les attitudes et les apparences, et en lui-même sincèrement. Que ce soit l'ouvrier qui peine dans l'usine trépidante et poussiéreuse, le paysan courbé sur sa terre sous le lourd soleil d'août, l'industriel ou le commerçant, le professeur, le médecin, l'avocat ou le fonctionnaire dans leurs travaux divers, ou bien le parasite qui passe ses jours inutiles sur le champ de course et ses nuits honteuses dans les cabaretschics, ils avoueront le même dégoût d'être ce qu'ils sont, sans autre but qu'eux-mêmes dont ils ont appris les limites, avec le même désir, las et hésitant d'être autre chose, n'importe quoi, ce qu'ils ne sont pas pour s'illusionner encore quelques heures sur eux-mêmes et sur le monde qu'ils se sont fait (1). »

Quand une civilisation sent à ce degré sa vanité, le chemin de Damas n'est pas loin.

En somme, il n'y a en France, à l'heure actuelle, que deux catégories de personnes. Ceux qui ont reçu des siècles passés un trésor qu'ils conservent jalousement sans vouloir ni le regarder ni le laisser voir, et ceux qui, quel que soit le trésor qui leur ait été légué, cherchent, marchent, vont vers l'avenir.

(1) *Coopération des idées*, n° de septembre-octobre 1905, p. 519.

La révolution de 1789 n'a été qu'une préface et un éclair, l'*anticipation* d'une rénovation profonde et organique (1). La France

(1) Sans les difficultés suscitées par la Constitution civile du clergé, la Révolution aurait eu une destinée bien différente. L'échec — relatif — de l'effort de 1789 est en somme dû à l'opposition cléricale. Aujourd'hui la plupart des cléricaux, rappelant ces faits, célèbrent par avance l'écrasement de la démocratie, et se grisent à la pensée des terribles vengeances de Dieu (dont ils seront naturellement les exécuteurs). Je ne voudrais point les contrister, mais je suis bien forcé de leur dire que, dans leur enthousiasme, ils ne tiennent aucun compte de la diversité des temps. En 1789 la France était (sauf ces Messieurs de la noblesse et du haut clergé) profondément catholique et naïvement croyante. Aujourd'hui la France n'est plus ni catholique, ni croyante. Même dans les localités où les offices sont fréquentés, on aurait de la peine à trouver — exception faite des illettrés — des groupes de quelque importance acceptant sans triage l'ensemble des dogmes catholiques.

Je me permets donc de faire remarquer respectueusement à ceux qui s'en vont criant que l'Eglise a passé par bien d'autres crises, que la crise actuelle ne ressemble en rien à celles qui l'ont précédée. Il y a quelques années, on parlait à peu près de même; on mettait le parlement au défi de voter les lois contre les moines; les lois ont été votées, exécutées; les moines sont partis, et non seulement la France ne s'est pas levée pour les défendre, mais les mani-

laïque se prépare à écrire le livre dont la déclaration des Droits de l'homme n'est qu'un chapitre, et, dans cette œuvre, la France laïque sera aidée par l'élite du clergé. Le cléricalisme pourra traiter ces prêtres d'apostats : les cris de haine ne parviendront même pas aux oreilles des ouvriers de ce grand œuvre. Il y aura alors un catholicisme nouveau, où l'ardeur, le travail, la virilité, l'amour, seront les vertus par excellence, un catholicisme qui ne ressemblera pas plus à l'ancien que le papillon ne ressemble à la chrysalide, et pourtant il sera l'ancien, et il pourra mettre demain au fronton de ses temples la parole du Galiléen : *Non veni solvere, sed adimplere* (1).

festations savamment organisées ont échoué de la façon la plus piteuse, et les pauvres moines ont dû passer la frontière au milieu de l'indifférence générale.

(1) Je ne suis pas venu abolir la loi et les prophètes, mais les accomplir.

APPENDICE DOCUMENTAIRE

I [1]

Respect à Dieu [2]

. . . .

Mais si les fidèles ont le devoir de protester avec énergie et de manifester au grand jour leur indignation contre les iniquités de la loi

(1) Fragment d'un article de M. l'abbé Gayraud, député du Finistère (*Univers* du 5 février 1906). En note le désaveu de l'évêque de Quimper et la glorification des « pieux Apaches » par la *Vérité Française*. Voir plus haut, p. LXVI et suivante.

(2) Voici le désaveu infligé à cet article par Mgr Dubillard. Je copie textuellement un entrefilet de la *Vérité Française* du 11 février, intitulé : *Le cas de M. l'abbé Gayraud :*

« *La Semaine Religieuse* de Quimper publie le désaveu suivant de M. l'abbé Gayraud, sous le titre de : *Communication de l'évêché.*

« A raison du déplorable effet produit dans les milieux catholiques de Paris par un article de M. l'abbé

du 9 décembre, et spécialement contre l'inventaire de leurs biens, si par leur affluence autour des églises ils donnent un bel exemple de foi et de dignité civique, doivent-ils outrepasser les bornes du respect dû à Dieu et de la soumission due à leurs pasteurs? doivent-ils se livrer à des violences contre de malheureux agents forcés d'obéir pour conserver leur gagne-pain?

L'on a vu à Sainte-Clotilde le curé de la paroisse, le digne et vénéré M. Gardey, prêtre éminent, connu et vénéré de tous les catholiques de Paris, subir les injures d'une troupe d'exaltés qui ont occupé son église malgré lui, qui s'y sont conduits en maîtres, ont organisé une défense vaine, livré dans le saint lieu une bataille de réunion électorale, proféré des cris indignes de la divine majesté de nos

Gayraud, député du Finistère, paru dans l'*Univers* du 5 février et ayant pour titre : *Respect à Dieu*, nous avons le devoir de déclarer publiquement que les appréciations contenues dans ledit article ne répondent en aucune façon aux sentiments de l'évêque de Quimper, ni à ceux de l'immense majorité de ses diocésains, clergé et fidèles. »

temples, donné lieu à des scènes pénibles de profanation. À Saint-Pierre du Gros-Caillou, même scandale : révolte contre l'autorité du curé, barricades intérieures, envahissement de l'église par la force armée, bagarres sanglantes dans la maison de Dieu, aux pieds du Christ en croix, devant nos augustes tabernacles.

Non, ces excès de zèle ne peuvent servir la cause de la liberté de l'Eglise. Celle-ci ne doit pas être défendue par de tels moyens. Je le déclare hautement, dussé-je en irriter quelques-uns : je me sens plus blessé dans ma foi, dans ma conscience de prêtre, dans mes sentiments de religion, par la conduite de ceux qui refusent d'écouter leurs curés et qui font de nos églises le théâtre de scènes aussi inconvenantes, que par la présence d'un agent du fisc tout honteux d'exécuter sa triste besogne.

Oui, protestons, mais comme il convient à des catholiques, sans oublier le respect dû à Dieu. Pressons-nous en rangs serrés devant les portes de nos sanctuaires ; faisons de nos corps un rempart à nos temples; obligeons, si l'on veut, la police à employer la force pour arriver au seuil de nos églises; mais gardons-nous de manquer nous-mêmes au respect que toute âme vraiment chrétienne ressent dans ces lieux où réside le Dieu de l'Eucharistie et où s'accomplissent nos saints mystères. Manifestons dans la rue comme citoyens, tenons-nous dans les églises comme des fidèles. Nul n'a le droit d'y oublier la présence réelle de Jésus-Christ ni les leçons et les exemples de patience qu'il nous a laissés.

***

J'ai entendu d'un ecclésiastique une parole trop sévère : « Ce sont des *Apaches pieux* (1)

(1) Le bon sentiment qui poussait M. Gayraud à repousser le terme d'apaches n'a pas été compris et dès le lendemain, 7 février, la sœur jumelle de l'*Univers*, la *Vérité Française*, — dans un article intitulé : *Gare aux pieux Apaches*, et signé Joseph Mollet — faisait de ce mot une sorte de titre de gloire. En voici un long fragment :

« L'autre jour, un peu ému de l'attitude violente prise par certains des paroissiens de Sainte-Clotilde.

qui se livrent à des *manifestations politiques* ».

Non, non. Mais n'y a-t-il pas là une espèce

lors du sac de cette église, un témoin de ces scènes ne put, à ce que racontent les journaux, retenir cette exclamation : « Vous êtes de pieux apaches, mais des apaches tout de même ! »

« On sait que cette qualification inattendue n'a découragé personne. Les pieux apaches, pot de terre contre pot de fer, ont payé de leurs personnes comme de vrais Français, bravant à la fois les blessures, la mort peut-être et la prison. Aucun d'eux ne regrette sa conduite.

« Sur tous les points de la France ont surgi de « pieux apaches ». Vous disiez qu'il n'y a plus de catholiques, s'écriait l'autre jour Lasies, faisant tête aux hurlements de l'extrême gauche : ils sortent de dessous terre. »

. . . .

« Depuis le péché originel, qui ne date pas tout à fait d'hier, il y a au fond de la plupart des hommes un apache qui sommeille et un germe de révolte que les saints ont assez de peine à étouffer. Quel est le jeune homme qui ne céderait pas à l'impérieux besoin de donner libre cours à des colères emmagasinées depuis Adam, lorsqu'il entrevoit, au bout, non point un châtiment, mais un sourire bienveillant du Christ qui a chassé les brigands du temple !

« Le gouvernement de M. Rouvier fournit à tous les ardents que son régime décourage, une occasion de faire l'apache pour la bonne cause. Il faudrait demander aux jeunes gens de n'être pas jeunes et

de symptôme de cet esprit de laïcisme dévot que tant de prêtres craignent de voir prédominer dans les associations cultuelles? Voudrait-on faire entendre que le clergé n'aura plus la haute main sur les biens des églises, et préparer ainsi une singulière aggravation de la loi contre laquelle on proteste avec une si bouillante ardeur?

Quoi qu'il en soit, il serait peut-être sage de songer aux conséquences législatives possibles de pareilles manifestations. Prenons garde de fournir nous-mêmes le prétexte désiré de l'aggravation de la loi. Le gouvernement ne reculera pas, c'est certain. Peut-être cessera-t-il d'employer la force et tournera-t-il la difficulté? Mais qui donc gagnerait au

aux vieux d'avoir oublié leur jeunesse, pour qu'ils ne soient pas tentés de venger les injures de leurs pères sur la peau des oppresseurs. Ce serait mal connaître l'espèce humaine que de croire cela possible. Vous avez réveillé les passions religieuses, prenez garde aux mystiques! Une fois déchaînés, ils seront pires que les nihilistes, et c'est eux qui prendront des otages parmi vous, pauvres butors des « hautes sphères gouvernementales! » « Gare aux pieux apaches! »

vote d'un article additionnel, qui obligerait les fabriques à faire procéder elles-mêmes par les agents de l'Etat à leurs propres inventaires sous peine de perdre le droit d'opérer la dévolution de leurs biens? C'est l'idée de M. Allard, et de plusieurs autres aussi, je le sais : qu'on se le dise!

***

La loi de séparation peut ouvrir à l'Eglise catholique en France une ère de liberté, mais à condition d'être appliquée dans un esprit d'apaisement et de sincère libéralisme.

Le gouvernement exécute les basses œuvres maçonniques. Que personne ne s'en fasse le complice en provoquant l'intervention de la force armée dans la maison de Dieu.

Devant l'agent fiscal qui se présente à la porte du sanctuaire, rappelons-nous l'accueil digne et calme que Jésus fit au traître Judas.

Respect à notre Dieu!

Abbé Gayraud.

II (1)

Regarde petit...

Mrs Mary,
Regent-stret 125
London W.

« *It is not time yet*... ou plutôt.. *Speak French with me*... pour une fois, cela te fera du bien !.. Je te disais donc qu'il n'est pas encore temps de te raconter toutes mes impressions ; elles papillonnent, tourbillonnent dans ma tête

(1) Un des grands articles de la *Croix*. Abonnements : 18 fr. par an pour la France, 5 centimes le numéro. Bureaux, 5, rue Bayard, Paris. Son article de fond du 11 février. Il est sans doute inutile de prévenir les lecteurs que ces reproductions imitent la disposition typographique des articles originaux.

comme les flocons que j'aperçois tomber mélancoliquement de ma fenêtre à l'hôtel.

« Car il neige sur Paris...

« Physiquement, je vais bien... Un peu... la bouche de bois ! mais c'est inévitable.

« Moralement, j'ai hâte de rentrer. Je m'ennuie, ma chère, comme ils disent ici, *à cent sous par tête !*...

« Je t'entends : « Tu t'ennuies à Paris !... Peut-on s'ennuyer à Paris ! !... »

« Oui... mon amie, pour la bonne raison, que le vrai Paris n'est pas là...

« Où est-il ?...

« ... Mais en prison... ou au lit, pour soigner ses horions... ou à l'église pour se préparer à en recevoir !

« Les gentlemen qui sont ici au pouvoir n'ont même pas eu le tact de nous inviter dans une maison tranquille. On se bat partout autour de nous : les églises sont saccagées, les journaux pleins de récits sauvages, et tous les libéraux du Conseil municipal de Paris nous ont plantés là — et je les approuve — pour aller défendre leurs paroisses contre ces MM. les Apaches du gouvernement.

« Figure-toi, ma chère, que le ministère lance sur les catholiques toutes les bandes qu'il peut récolter dans les bas-fonds de la capitale...

« Il en est réduit à s'appuyer sur ces détritus de la société !...

« Hier, la Madeleine, en pleine Adoration perpétuelle, a été attaquée, *revolver au poing*, par une armée d'escarpes.

« Et il était sinistre, ce grouillement sordide de voyous sur le monument superbe... ce remous de casquettes à trois ponts... j'apercevais cela du haut de ma voiture, et j'avais une envie folle de faire le coup de poing avec les catholiques !...

« Ah ! il est gentil tout plein, et distingué, et délicat le gouvernement français !...

« ... J'ai pu joindre un de ces conseillers, et je lui ai demandé pourquoi il résistait à la loi ?

« Parce que, m'a-t-il répondu, **il n'y a pas de lois contre le droit...** *Une loi ne peut* *pas transférer à un individu ce qui* appartient à un *autre*. Toute mesure tendant à ce but est radicalement nulle. Or, l'Eglise a la propriété de ses édifices, et la garde de choses très saintes confiées à sa fidélité par des familles pieuses, qui reprocheraient amèrement aux prêtres de les livrer à la Franc-Maçonnerie.

« L'inventaire, *de l'aveu même du convent de* 1904, est l'acte préparatoire de la spoliation prochaine.

« ... Déjà quand les francs-maçons n'ont rien à craindre, ils vont au bout des extrêmes vexations, et ceux qui attendent d'eux une justice quelconque sont des insensés... »

« Alors, comme il me savait catholique, le conseiller m'a montré une lettre navrante reçue ce matin d'un curé de campagne ; et j'ai lu... *de mes yeux lu*, le récit suivant :

« ... L'agent du fisc, faisant l'inventaire dans l'église, demanda au prêtre s'il y avait des vases sacrés dans le tabernacle. ? Le curé répondit :

« — Non... il y a seulement quelques hosties consacrées, enveloppées dans un corporal ?

« — Qu'appelez-vous « corporal »...? insiste l'agent.

« — C'est un linge fin, pour recevoir les Saintes-Espèces.

« Et le receveur inscrivit sur son inventaire :

« *Linge fin... (batiste probablement) et hosties consacrées* 0 fr. 50. »

« Détail navrant, ma chère, le village où s'est paisiblement déroulée cette ignominie, fut rougi, abreuvé en 1870 du sang des plus ardents chrétiens français !..

« A côté de cela, il y a de tout petits pays qui font des résistances superbes. Près de l'endroit où nous nous embarquons, à Saint-Martin-aux-Arbres, hier, le receveur n'a pu entrer dans l'église, grâce à la garde vigilante montée par les habitants.

« ... Dans le Midi, à Pignan, les paroissiens s'enferment avec des vivres dans l'église, et construisent un double mur !...

« Les catholiques se redressent enfin, sous un outrage que les Turcs ne supporteraient pas, et sont maintenant prêts à tout !

« Malgré son doigté, la rue Cadet arrive donc à la lutte fatale... au duel à mort. Et, déjà, les fidèles ont donné sans compter depuis huit jours, leur sang et leur liberté!

« Ah, que j'aurais de choses à te dire, ma pauvre amie!... de splendides qui font passer un frisson d'admiration... d'autres qui sont navrantes et pas françaises.

« Mais, ici, je suis un personnage officiel, je me tais, pour plus tard... quand je serai entre toi et notre enfant, devant la cheminée flambante...

« Il faut qu'il sache cela!..

« Un député français a voulu mener le sien, un garçonnet de 12 ans, au Gros-Caillou, et, devant les brigades centrales qui se ruaient comme des brutes sur des adolescents et des femmes... devant l'armée française hachant les portes de l'église... devant les pompiers inondant les sanctuaires... devant les catholiques, couverts d'eau et de sang, qu'on charriait en tas au poste... il lui disait :

« — Regarde, mon petit! emplis tes yeux de cette vision!

« ... **Le franc-maçon travaille !**

« Le franc-maçon philanthrope et hypocrite !...

« Hier, il faisait dans sa culotte quand le kaiser fronçait le sourcil... Même dans les bras de l'Angleterre, il tremblait encore, et jetait à la hâte son ministre par dessus bord. Aujourd'hui, regarde comme il est fier !... quelle victoire glorieuse et nationale il inscrit sur nos drapeaux !..

« ... Regarde petit, ce qu'il fait de la tranquille église où tes parents se sont mariés... où tu as reçu le baptême... où l'an dernier tu fis ta première communion !.

« Regarde, petit !... Pardonne, mais souviens-toi !...

« *Remember!* ...

« Et moi, chère amie, de ce beau et triste pays, où les dirigeants ne paraissent même pas avoir la première notion de la liberté, je t'envoie une affection qui, elle aussi, n'oublie pas.

« *Remember !*... »

PETER L'ERMITE
(County Counsellor).

III (1)

L'Espagne et la France

« De Bilbao nous recevons un journal ouvrier, *El Pueblo*, le plus répandu de tous les journaux de ce genre dans la contrée, qui contient un article en français sur les résistances qu'a rencontrées à Paris et dans toute la France l'inventaire des églises.

« Cet article, dédié aux catholiques français, contient l'expression enflammée des sentiments des catholiques basques. Nous le communiquons à nos amis qui le liront avec la même sympathie qui l'a inspirée :

(1) Article de *La Vérité Française* du 18 février.

CATHOLIQUES FRANÇAIS

« Vous voilà sur la brèche !

« Votre sang catholique s'agite enfin violemment dans vos veines ; la plus sainte des vengeances arme vos bras ; et pour Dieu et pour la Patrie vous vous lancez à la lutte comme des héros et comme des martyrs. Allez-y à outrance !... Allez-y, vaillants, fermes, tenaces, entêtés à la destruction de cette forêt noire de voleurs et de tyrans qui vous ont obscurci la lumière, la liberté et l'honneur ! Allez-y !... Allez-y !

« Votre *Marseillaise* chante :

Marchons !.... Marchons !....
Qu'un sang impur abreuve nos sillons...

et vous, vous chantez cette *Marseillaise*.

« Chantez-la puisque c'est votre tour !... Aux accords de cet hymne on vous assassina jadis la liberté ; on remplit votre histoire des plus grands crimes que l'histoire raconte... et les hommes qui, aux sons de cette marche, déshonorèrent votre patrie et tuèrent votre foi, sont les pères de ces nouveaux jacobins d'aujourd'hui, qui pour ne rien avoir qui vaille en matière de talent, de vaillance et de civisme, n'ont pas même un Vergniaud, un Danton, un Robespierre.

« Modernes révolutionnaires, avec tous les vices de leurs pères et avec la dégénération et la traîtrise que leurs pères n'avaient pas. Révolutionnaires abjects, ridicules, sordides !

« Chantez donc, vous, la *Marseillaise*..... Chantez-la et exécutez-la ; c'est votre tour. Dans la balance de votre histoire, un plateau était vide et vous allez le remplir. Voilà les premières gouttes de sang. Versez-le tout, absolument tout... versez aussi le vôtre s'il le faut.

« A la réalisation de cette *affaire* indispensable, nécessaire, sainte, vous accompagnent *aujourd'hui*, de cœur et en esprit tous les catholiques espagnols, et s'il le faut, *demain* ils passeront la frontière pour vous aider dans la lutte; appelez-nous, et nous courrons à votre rencontre.

« Notre plus grand honneur, notre plus chère gloire, sera de mourir et de triompher à vos côtés pour Dieu, pour la justice et pour la liberté.

« Catholiques français !... Dieu le veut ! Marchons !...

Marchons... Marchons !
Qu'un sang impur abreuve nos sillons. »

IV

L'état d'esprit d'un groupe intellectuel qui prétend parler au nom de l'Eglise[1].

AUX JEUNES FRANÇAIS!

Appel de la Ligue d'Action Française.

COMITÉ DE PATRONAGE:

Comte **Eugène de LUR-SALUCES,** *Président.*

MM. Aubry-Vitet; A. Baumann, exécuteur testamentaire d'Auguste Comte; Dom Besse, de l'Ordre de St-Benoit; Paul Bourget, de l'Académie Française; André Buffet; le Duc des Cars; Cattenat; Léon Daudet; Delalande; Fagniez, de l'Institut; Janicot, directeur de la *Gazette de France;* le Comte de Kermaingant; le Marquis de La Tour-du-Pin la Charce; Docteur Le Fur; Arthur Loth, directeur de la *Vérité Française;* le Marquis A. de Lur-Saluces; le Baron de Mandat-Grancey; le Colonel F. de Parseval; Paul Robain; le Marquis de Rosanbo; le Comte Bernard de Vesins.

Secrétaire-Général: M. Louis Dimier, agrégé de l'Université, docteur ès-lettres.

Continuant son œuvre d'examen rationnel et de reconstitution nationale, de critique

(1) Les hommes dont le catholicisme français accepte la collaboration sont arrivés à un degré d'in-

libre et de synthèse organisée, la LIGUE D'ACTION FRANÇAISE ouvrira, le 14 février 1906, un Institut d'Enseignement supérieur.

Nombreux sont les jeunes Français qui se doutent de l'éducation mensongère, du savoir incomplet, des méthodes débiles que dispense persévéramment, religieusement, l'enseignement officiel. Les pouvoirs publics se sont faits depuis cent ans marchands de sagesse et administrateurs de sciences. De même que, depuis trente ans, leur Parlement, créature et esclave de l'Étranger, s'applique à réaliser un programme de dépècement national, de son côté, l'autorité académique, l'influence universitaire a été peu à peu usurpée, confisquée

cohérence dont on ne saurait donner une idée sans mettre les documents sous les yeux des lecteurs.

Le programme ci-dessus a une importance hors de pair puisqu'il constitue un manifeste dont tous les termes ont été longuement pesés et étudiés.

Colère, intolérance, haine, paresse, orgueil, on y trouvera tous les stigmates de l'impuissance et de la folie, tout, sauf un signe de santé physique, intellectuelle ou morale, tout, sauf un souvenir, si lointain qu'il soit, je ne dirai pas de l'Évangile, mais de la haute signification du mot « Catholique ».

et monopolisée par les plus ardents ennemis de la tradition ou de l'intérêt de la France, ils sont à peu près seuls les maîtres de toutes les chaires constituées aux frais publics ; la Finance internationale leur permet d'élever, en outre, des chaires libres où se débite tout ce qu'on n'ose pas encore enseigner au nom de l'État. Ce qu'on enseigne ainsi s'appelle historiquement la *Révolution*, philosophiquement l'*Anarchie*, pratiquement la *destruction de la Société et de notre Patrie.*

Deux moyens ont servi cette fin de politique cosmopolite : le silence et le faux.

C'est avec la conspiration du silence, c'est par le système du faux que l'on est arrivé par exemple à ce résultat volontaire et délibéré de *faire ignorer* aux jeunes Français :

1° La substance de la doctrine catholique. — Pourquoi ? Parce que cette doctrine est traditionnelle et organisée ;

2° La substance de la politique positive d'un Auguste Comte. — Pourquoi ? Parce qu'elle est organisatrice et qu'elle conclut à la tradition ;

3° La substance des doctrines historiques d'un Fustel de Coulanges. — Pourquoi ? Parce que ces doctrines proposent une vue scientifique satisfaisante de l'histoire de France et conduisent au respect raisonné de nos traditions.

L'ACTION FRANÇAISE a réussi plus d'une fois à détruire, à force de manifestations et de polémiques, les puissants effets du silence hypocrite ou du mensonge audacieux combinés par de faux savants, des philosophes hallucinés, des historiens sportulaires et des théologiens protestants. Mais ce ne furent là que des faits isolés. Un Institut sera un générateur permanent de toutes les rectifications nécessaires. Il dirigera contre les juifs, les protestants, les métèques et les maçons, une série d'opérations scientifiques et littéraires, historiques et philosophiques. Il aura en face de ces groupements étrangers les mêmes avantages qu'eux : l'organisation, la durée.

Nous convions à nos cours, à nos travaux pratiques, les jeunes Français qui ne veulent pas se laisser absorber par les suppôts de Londres, de Berlin, de Genève et de Jérusalem.

V (1)

Deux articles saluant le départ de M. Loubet

Content!

« La transmission des pouvoirs a manqué de simplicité et de majesté.

« Les journaux du Bloc ont beau dire le contraire, en s'efforçant de paraître émus, suivant la consigne : tout un déploiement de police, des escadrons de cuirassiers, des salves d'artillerie, non ce n'est pas simple. La majesté faisait aussi défaut ; d'abord M. Fallières était là. Et cette arrivée sonore, en ca-

(1) Article de l'*Univers* du 20 février. Abonnements : 25 fr. par an pour la France, 36 fr. pour l'étranger. 10 centimes le numéro. Administration : 17, rue Cassette, Paris. Voir aussi le suivant.

valcade, des présidents l'un reconduisant l'autre, dans la modeste rue Dante, au milieu des camelots qui criaient la photographie d'Emile, et de la foule qui se bousculait, goguenarde, évoquait surtout l'idée d'un spectacle gratis pour bonnes d'enfants.

Il faudra trouver autre chose la prochaine fois. On a le temps d'y réfléchir. A moins que... Mais si le départ de M. Fallières se trouve précipité, le protocole n'aura sans doute pas besoin d'en régler la cérémonie.

« Les petits discours de l'entrant et du sortant n'ont pas détonné. Ce fut assez laborieusement plat pour être conforme à l'ensemble. Et comme il fallait, là aussi, une pointe de ridicule afin que le cachet fût observé en tout, M. Loubet, qui a le pleur facile, ne put terminer son allocution sans que sa voix fléchît et que ses yeux répandissent quelques larmes sur la moire de son grand cordon.

« On devrait lui mettre une serviette en pareille circonstance.

« N'allez point vous y tromper, toutefois; M. Loubet, redevenu simple citoyen, est content. Son discours d'hier nous confirme dans la pensée que nous avions : qu'il ne voulait réellement pas d'un nouveau séjour de sept ans à l'Elysée. Il a joué franc jeu. Il n'a point dit qu'il était résolu à partir pour qu'on le retînt et faire ainsi figure d'homme nécessaire. Il trépignait de s'en aller rue Dante et à la Bégude.

« C'est la seule excuse, c'est même la seule explication que l'on puisse trouver à l'inconscience de ses paroles d'adieux. Il faut que l'ancien président ait été dans tout l'enivrement d'une véritable délivrance, pour perdre la mémoire et la notion des réalités jusqu'au point de tenir un pareil langage. Comment, il déclare qu'il a voulu rétablir entre tous la paix, la concorde et l'union ! C'est le but qu'il se proposait en devenant le premier magistrat de la République. Et il ajoute, à haute et intelligible voix, devant la France, qu'il se rend la justice d'avoir, à cette tâche consacré *tous ses* efforts ! C'est lui qui parle, l'homme qui a toujours pleuré, mais toujours signé, l'homme qui nous a donné M. Combes ! Il n'y a que la joie pour égarer si complètement l'esprit.

« Allez-vous-en, Monsieur. Jouissez de vos économies et de votre château. Ne vous inquiétez pas de toutes les détresses morales et matérielles que la complicité de votre coupable et répugnante faiblesse a permis, durant sept cruelles années, d'amonceler sur la France. Vous êtes content ; c'est entendu. Il n'y a pas de quoi.

« Pierre VEUILLOT. »

VI (1)

Transmission du pouvoir.

« Un grand événement vient de s'accomplir. La Gascogne est entrée hier à l'Elysée. Et c'est désormais la Gascogne, au lieu de la Provence, qui distribuera les faveurs, haranguera le peuple, inaugurera les chemins de fer, promulguera l'anticléricalisme, offrira aux monarques en visite les Gobelins et aux monarques visités les danseuses de Léonard.

(1) Article de la *Vérité Française* du 21 février. Abonnements : 35 fr. par an pour la France, 46 fr. pour l'étranger. 10 centimes le numéro. Administration, 2, rue de Fleurus, Paris. Voir aussi le précédent.

« Les exégètes de la Constitution disent à tout propos : « Le président de la République n'a aucun pouvoir ; le président de la République ne peut rien. La Constitution lui lie les bras. » Le Protocole, qui n'est pas de cet avis, a organisé une cérémonie de transmission qui ne fut point dénuée d'originalité puisqu'elle permit à M. Loubet de transmettre à M. Fallières une chose qu'il n'avait pas.

« On entend d'ici le dialogue : « Je vous
« abandonne, mon cher successeur, le pouvoir
« de n'en avoir pas. — J'accepte, cher prédé-
« cesseur, le pouvoir de ne pouvoir rien. » Et les maisons civiles s'inclinèrent pour dissimuler un pleur, et les maisons militaires s'attendrirent, et les troupes présentèrent les armes, et les édifices publics furent pavoisés, et le canon tonna ; cependant que le télégraphe transmettait — lui aussi — aux deux hémisphères l'allocution des potentats.

« Si le protocole eût été aussi féru de la vérité que de l'étiquette, ce n'est pas une escorte de cuirassiers qu'il eût donnée aux présidents, mais une escorte de crocheteurs. Le crochet est le symbole par excellence du septennat Loubet — crochetage des monastères avec Waldeck, dès couvents avec Combes, des églises avec Rouvier — et, comme Fallières doit continuer Loubet, le crochet demeurera le symbole du septennat nouveau.

« Celui qui sort au bruit des portes enfoncées des sanctuaires trace la voie à celui qui entre au son du tocsin.

« Loubet cherche le repos. Il redevient simple électeur pour oublier. En quittant l'enfer politique, il compte, rue Dante, trouver le paradis. S'il est homme de cœur et s'il lui reste un fond de simple honnêteté bourgeoise, il ne trouvera ni repos, ni oubli. Il aurait pu, en se déposant lui-même, en disparaissant librement, exemple bien rare dans une démocratie, emporter dans sa retraite l'estime de beaucoup et le respect de tous.

« Il lui aurait suffi pour cela de ne pas se faire, au cours de deux législatures, l'exécutif de la franc-maçonnerie et le signataire impassible de ses décrets haineux.

« Loubet a préféré abdiquer sa volonté devant celle des loges ; il portera jusqu'au bout la peine de sa docilité criminelle, et son nom est voué à la même réprobation patriotique que celui du Bloc qui l'élut. Il vieillira sans gloire, mais non pas sans remords.

« Les souvenirs royaux qui meublent son foyer et au milieu desquels il compte revivre ses voyages et ses galas, n'effaceront pas de son esprit la troublante vision du Pape outragé, de l'Eglise répudiée, de la France affaiblie, désagrégée, exacerbée par lui.

« Et s'ils pouvaient l'effacer, la réalité serait là pour lui rappeler ses méfaits.

« La guerre religieuse qui s'allume, les déchirements intérieurs qui s'accentuent, les saintes révoltes qui se dessinent, parleront plus haut et plus fort que les fastueuses réminiscences des baise-mains de souveraines ou l'évocation des brillantes parades de cosaques, de highlanders et de bersaglieri.

« Plus d'une fois, sans doute, le pauvre homme gémira sur les injustices qu'il a permises, sur les exactions qu'il a tolérées, sur les lois qu'il a promulguées. Plus d'une fois lui apparaîtra, terrible, sa complicité incessante avec les ennemis de l'armée et de la patrie, de l'Eglise et de la société ; plus d'une fois, nous voulons le croire, il déplorera les suites, dès aujourd'hui tangibles, de l'apostasie de la France et de cette rupture avec Rome dont il restera aux yeux de l'histoire le responsable auteur.

« La maison de la rue Dante sera une maison hantée. Si l'ancien président a une conscience, le remords logera sous son toit ; s'il n'en a pas et si son œuvre lui semble, hors de l'Elysée, aussi recommandable que lorsqu'il l'exécutait sous le regard de Combes ou de Rouvier, c'est que vraiment il était digne de présider à l'amoindrissement de la France et à la déchéance du pays.

« Sa magistrature a démontré qu'un président de la République ne peut pas faire le bien, mais qu'il a toute licence pour accomplir le mal. C'est ce pouvoir du mal que Loubet, devant les représentants des deux Chambres, a transmis hier à Fallières, son héritier. Celui-ci, pour ne point déchoir, a confirmé aussitôt son mandat à Rouvier.

« La franc-maçonnerie poursuit son règne et la République sa course à l'anarchie. L'installation du nouveau président coïncide avec la publication de l'encyclique vengeresse de Pie X : l'anathème pontifical ouvre le septennat. »

SAINT-GAYRAC (1).

(1) Le même journal, *La Vérité Française,* avait déjà publié, dans son numéro du 19-20 février, une poésie que je n'ose reproduire par respect pour les lecteurs.

En voici la dernière strophe :

Allez abriter votre honte
A la Bégude, aux parcs fleuris,
Assuré que jusque-là monte
L'écho lointain de nos mépris.

VII (1)

Un article contre les protestants qui a fait le tour de la presse cléricale.

Les protestants étrangers en France.

« *L'Indépendance Bretonne* et l'*Ouest-Eclair* donnent ces détails sur les faits et gestes de pasteurs, de pastoresses, de prédicants et de prédicantes lesquels, débarquant de Jersey, de Guernesey ou d'ailleurs, se livrent, en toute liberté, aux ardeurs de leur singulier prosélytisme :

« Des pasteurs de toutes les confessions, reliés aux innombrables sociétés bibliques de Londres, se sont abattus sur les départements de Bretagne et s'y sont installés *sous prétexte*

(1) Article de l'*Univers*, 14 décembre 1900.

de prosélytisme. Il y en a aujourd'hui partout, à Saint-Malo, Saint-Servant, Saint-Brieuc, Guingamp, Trémel, Concarneau, etc., etc., dans le Finistère, la Loire-Inférieure, et même le Morbihan.

« Tous ont contracté des baux à longue échéance ou acheté des maisons, où ils peuvent, sans craindre la curiosité des habitants simples et accueillants, et celle de l'autorité inattentive, se livrer aux opérations les plus suspectes.

« Ces touristes à demeure circulent partout ; dans les villages de pêcheurs qu'ils questionnent ; dans l'intérieur aussi, distribuent largement des secours aux familles nécessiteuses. Les habitants les accueillent sans défiance et si ces *missi dominici* d'un nouveau genre ne font pas beaucoup de prosélytes, ils se rendent du moins populaires : c'est tout ce qu'ils cherchent. D'ordinaire, ils affectent la plus grande déférence pour les ecclésiastiques bretons, les aidant même au besoin par leurs aumônes, tout est supérieurement conçu et organisé par cette colonie spéciale que l'affluence des touristes anglais, pendant la saison d'été, favorise au possible.

« Dans de pareilles conditions, il est facile de mesurer l'importance des services d'un ordre particulier que peuvent rendre à l'Angleterre des hommes instruits, fanatiques et méthodiques à la fois.

« Personne ne surveille leurs agissements; ils ont la *livre sterling* facile; cela suffit à assurer leur tranquillité et leur *respectability*.

« De temps à autre, un fait étrange, et qui inquiète momentanément l'autorité, se produit... Il est bientôt oublié.

« C'est donc toute une organisation qui fonctionne sans entrave dans toute la région maritime qui fait face à l'Angleterre. Le gouvernement français, hélas! ne possède rien de semblable; nos autorités maritimes n'apprennent que par les journaux les mouvements de la flotte anglaise; elles n'ont pas, dans les ports principaux du Royaume-Uni les *intelligences* que possède l'amirauté dans les nôtres et qui la renseignèrent si parfaitement lors des événements de 1898. Ajoutons que plus d'une fois des agences organisées dans les îles anglaises se sont livrées, dans nos ports, à des pratiques d'embauchage suivies de désertions !

VIII (1)

Les Catholiques et la Séparation.

LETTRE ENCYCLIQUE DE N. T. S.-P. LE PAPE PIE X

AUX ARCHEVÊQUES, ÉVÊQUES, AU CLERGÉ
ET AU PEUPLE FRANÇAIS

A NOS BIEN-AIMÉS FILS
FRANÇOIS-MARIE RICHARD, CARDINAL-PRÊTRE DE LA S. E. R.,
ARCHEVÊQUE DE PARIS,
VICTOR LUCIEN LECOT, CARDINAL-PRÊTRE DE LA S. E. R.,
ARCHEVÊQUE DE BORDEAUX,
PIERRE-HECTOR COULLIÉ, CARDINAL-PRÊTRE DE LA S. E. R.,
ARCHEVÊQUE DE LYON,
JOSEPH-GUILLAUME LABOURÉ, CARDINAL-PRÊTRE,
DE LA S. E. R., ARCHEVÊQUE DE RENNES,
ET A TOUS NOS AUTRES VÉNÉRABLES FRÈRES,
LES ARCHEVÊQUES ET ÉVÊQUES,
ET A TOUT LE CLERGÉ ET LE PEUPLE FRANÇAIS.

PIE X, PAPE

Vénérables Frères, bien-aimés Fils, salut et bénédiction apostolique.

Notre âme est pleine d'une douloureuse sollici-

---

(1) Les trois morceaux qui suivent pourront donner une idée assez nette de la façon très diverse dont la séparation a été accueillie par les trois grandes familles religieuses jusqu'ici rattachées à l'Etat. Leur rapprochement a bien son éloquence.

Sur l'encyclique de Pie X, voir la préface, p. LX.

tude et notre cœur se remplit d'angoisse, quand notre pensée s'arrête sur vous. Et comment en pourrait-il être autrement, en vérité, au lendemain de la promulgation de la loi qui, en brisant violemment les liens séculaires par lesquels votre nation était unie au siège apostolique, crée à l'Église catholique en France une situation indigne d'elle et lamentable à jamais? Evénement des plus graves sans doute que celui-là; événement que tous les bons esprits doivent déplorer, car il est aussi funeste à la société civile qu'à la religion; mais événement qui n'a pu surprendre personne, pourvu que l'on ait prêté quelque attention à la politique religieuse suivie en France dans ces dernières années. Pour vous, Vénérables Frères, elle n'aura été bien certainement ni une nouveauté, ni une surprise, témoins que vous avez été des coups si nombreux et si redoutables tour à tour portés par l'autorité publique à la religion. Vous avez vu violer la sainteté et l'inviolabilité du mariage chrétien par des dispositions législatives en contradiction formelle avec elles; laïciser les écoles et les hôpitaux; arracher les clercs à leurs études et à la discipline pour les astreindre au service militaire; disperser et dépouiller les congrégations religieuses et réduire la plupart du temps leurs membres au dernier dénuement. D'autres mesures légales ont suivi que vous connaissez tous : on a abrogé la loi qui ordonnait des prières publiques au début de chaque session parlementaire et à la rentrée des tribunaux; supprimé les signes de deuil traditionnels à bord des navires, le vendredi-saint; effacé du serment judiciaire ce qui en faisait le caractère religieux; banni des tribunaux, des écoles, de l'armée, de la marine, de tous les établissements publics enfin, tout acte ou tout emblème qui pouvait d'une façon quelconque rappeler la religion. Ces mesures, et d'autres encore, qui peu à peu séparaient de fait l'Église de l'État, n'étaient rien autre chose que des jalons dans le but d'arriver à la séparation complète et officielle : leurs promoteurs eux-mêmes n'ont pas hésité à le reconnaître hautement et maintes fois. — Pour écarter une calamité si grande, le Siège apostolique, au contraire, n'a absolument rien épargné. Pendant que d'un côté, il ne se lassait pas d'avertir ceux qui étaient à la tête des affaires françaises, et qu'il les conjurait à plusieurs reprises de bien peser l'immensité des maux qu'amènerait infailliblement leur politique séparatiste; de l'autre, il multipliait vis-à-vis de la France les témoignages éclatants de sa condescendante affection. Il avait le droit d'espérer ainsi, grâce aux liens de la reconnaissance, de pouvoir retenir ces politiques sur la pente et de les amener enfin à renoncer à leurs projets. Mais, attentions, bons offices, efforts, tant de la part de Notre prédécesseur que de la Nôtre, tout est resté sans effet. Et la violence des ennemis de la religion a fini par emporter de vive force ce à quoi pendant longtemps ils avaient prétendu, à l'encontre de vos droits de nation catholique et de tout ce que pouvaient souhaiter les esprits qui pensent sagement. C'est pourquoi, dans une heure aussi grave pour l'Eglise, conscient de Notre charge apostolique, Nous avons considéré comme un devoir d'élever Notre voix et de vous ouvrir Notre âme, à vous, Vénérables Frères, à votre clergé et à votre peuple, — vous tous que Nous avons toujours entourés d'une tendresse particulière, mais qu'en ce moment, comme c'est bien juste, Nous aimons plus tendrement que jamais.

Qu'il faille séparer l'Etat de l'Eglise, c'est une thèse absolument fausse, une très pernicieuse erreur. — Basée, en effet, sur ce principe que l'État ne doit reconnaître aucun culte religieux, elle est tout d'abord très gravement injurieuse pour Dieu ; car le Créateur de l'homme est aussi le fondateur des sociétés humaines et il les conserve dans l'existence comme il nous y soutient. Nous lui devons donc, non seulement un culte privé, mais un culte public et social, pour l'honorer. — En outre, cette thèse est la négation très claire de l'ordre surnaturel. Elle limite, en effet, l'action de l'État à la seule poursuite de la prospérité publique durant cette vie, qui n'est que la raison prochaine des sociétés politiques; et elle ne s'occupe en aucune façon, comme lui étant étrangère, de leur raison dernière, qui est la béatitude éternelle proposée à l'homme, quand cette vie si courte aura pris fin. Et pourtant, l'ordre présent des choses qui se déroule dans le temps, se trouvant subordonné à la conquête de ce bien suprême et absolu, non seulement le pouvoir civil ne doit pas faire obstacle à cette conquête, mais il doit encore nous y aider. — Cette thèse bouleverse également l'ordre très sagement établi par Dieu dans le monde, ordre qui exige une harmonieuse concorde entre les deux sociétés. Ces deux sociétés, la société religieuse et la société civile, ont, en effet, les mêmes sujets, quoique chacune d'elles exerce dans sa sphère propre son autorité sur eux. Il en résulte forcément qu'il y aura bien des matières dont elles devront connaître l'une et l'autre comme étant de leur ressort à toutes deux. Or qu'entre l'État et l'Église l'accord vienne à disparaître, et de ces matières communes pulluleront facilement les germes de différends, qui deviendront très aigus des deux côtés; la notion du vrai en sera troublée et les âmes remplies d'une grande anxiété. — Enfin, cette thèse inflige de graves dommages à la société civile elle-même, car elle ne peut pas prospérer ni durer longtemps, lorsqu'on n'y fait point sa place à la religion, règle suprême et souveraine maîtresse, quand il s'agit des droits de l'homme et de ses devoirs.

Aussi les Pontifes romains n'ont-ils pas cessé, suivant les circonstances et selon les temps, de réfuter et de condamner la doctrine de la séparation de l'Église et de l'État. Notre illustre prédécesseur, Léon XIII, notamment, a plusieurs fois et magnifiquement exposé ce que devraient être, suivant la doctrine catholique, les rapports entre les deux sociétés. Entre elles, a-t-il dit, « il faut nécessairement qu'une sage union intervienne, union qu'on peut, non sans justesse, comparer à celle qui réunit dans l'homme l'âme et le corps. *Quædam intercedat necesse est ordinata colligatio (inter illas), quæ quidem conjunctioni non immerito comparatur, per quam anima et corpus in homine copulantur.* » Il ajoute encore : « Les sociétés humaines ne peuvent pas, sans devenir criminelles, se conduire comme si Dieu n'existait pas ou refuser de se préoccuper de la religion, comme si elle était chose étrangère ou qui ne leur pût servir en rien... Quant à l'Église, qui a Dieu lui-même pour auteur, l'exclure de la vie active de la nation, des lois, de l'éducation de la jeunesse, de la société domestique, c'est commettre une grande et pernicieuse erreur. *Civitates non possunt, citrà scelus, gerere se tanquam si Deus omnino non esset, aut curam religionis velut alienam nihilque profuturum abjicere... Ecclesiam vero, quam Deus ipse constituit, ab actione vitæ excludere, a legibus, ab institutione adolescentium, a sociate domestica, magnus et perniciosus est error* (1). »

Que si, en se séparant de l'Église, un État chrétien quel qu'il soit, commet un acte éminemment funeste et blâmable, combien n'est-il pas à déplorer que la France se soit engagée dans cette voie, alors que moins encore que toutes les autres nations, elle n'eût dû y entrer. La France, disons-nous, qui dans le cours des siècles, a été de la part de ce siège apostolique l'objet d'une si grande et si singulière prédilection; la France dont la fortune et la gloire ont toujours été intimement unies à la pratique des mœurs chrétiennes et au respect de la religion ! Le même pontife Léon XIII, avait donc bien raison de dire : « La France ne saurait oublier que sa providentielle destinée l'a unie au Saint-Siège par des liens trop étroits et trop anciens pour qu'elle veuille jamais les briser. De cette union en effet sont sorties ses vraies grandeurs et sa gloire la plus pure... Troubler cette union traditionnelle serait enlever à la nation elle-même une partie de sa force morale et de sa haute influence dans le monde (2). »

---

(1) Lettre encyclique, *Immortale Dei*, 1er novembre 1885.

(2) Allocution aux pèlerins français, 13 avril 1888.

Les liens qui consacraient cette union devaient être d'autant plus inviolables qu'ainsi l'exigeait la foi jurée des traités. Le Concordat passé entre le Souverain-Pontife et le gouvernement français, comme du reste tous les traités du même genre que les Etats concluent entre eux, était un contrat bilatéral qui obligeait des deux côtés. Le Pontife romain d'une part, le chef de la nation française de l'autre, s'engagèrent donc solennellement, tant pour eux que pour leurs successeurs, à maintenir inviolablement le pacte qu'ils signaient. Il en résultait que le Concordat avait pour règle la règle de tous les traités internationaux, c'est-à-dire le droit des gens, et qu'il ne pouvait, en aucune manière, être annulé par le fait de l'une des deux parties ayant contracté. Le Saint-Siège a toujours observé avec une fidélité scrupuleuse les engagements qu'il avait souscrits, et de tous temps il a réclamé que l'Etat fît preuve de la même fidélité. C'est là une vérité qu'aucun juge impartial ne peut nier. — Or, aujourd'hui, l'Etat abroge, de sa seule autorité, le pacte solennel qu'il avait signé. Il transgresse ainsi la foi jurée. Et, pour rompre avec l'Église, pour s'affranchir de son amitié, ne reculant devant rien, il n'hésite pas plus à infliger au Siège apostolique l'outrage qui résulte de cette violation du droit des gens, qu'à ébranler l'ordre social et politique lui-même, puisque, pour la sécurité réciproque de leurs rapports mutuels, rien n'intéresse autant les nations qu'une fidélité inviolable dans le respect sacré des traités.

La grandeur de l'injure infligée au Siège apostolique par l'abrogation unilatérale du Concordat s'augmente encore, — et d'une façon singulière, — quand on se prend à considérer la forme dans laquelle l'État a effectué cette abrogation. C'est un principe, admis sans discussion dans le droit des gens et universellement observé par toutes les nations, que la rupture d'un traité doit être préventivement et régulièrement notifiée, d'une manière claire et explicite, à l'autre partie contractante par celle qui a l'intention de dénoncer le traité. Or, non seulement aucune dénonciation de ce genre n'a été faite au Saint-Siège, mais aucune indication quelconque ne lui a même été donnée à ce sujet. En sorte que le gouvernement français n'a pas hésité à manquer vis-à-vis du Siège apostolique aux égards ordinaires et à la courtoisie dont on ne se dispense même pas vis-à-vis des États les plus petits. Et ses mandataires, qui étaient pourtant les représentants d'une nation catholique, n'ont pas craint de traiter avec mépris la dignité et le pouvoir du Pontife, chef suprême de l'Église, alors qu'ils auraient dû avoir pour cette puissance un respect supérieur à celui qu'inspirent toutes les autres puissances politiques et d'autant plus grand que, d'une part, cette puissance a trait au bien éternel des âmes et que, sans limite de l'autre, elle s'étend partout.

Si Nous examinons maintenant en elle-même la loi qui vient d'être promulguée, nous y trouvons une raison nouvelle de Nous plaindre encore plus énergiquement. Puisque l'Etat rompant les liens du Concordat, se séparait de l'Église, il eût dû, comme conséquence naturelle, lui laisser son indépendance et lui permettre de jouir en paix du droit commun dans la liberté qu'il prétendait lui concéder. Or, rien n'a été moins fait en vérité : nous relevons en effet dans la loi plusieurs mesures d'exception qui, odieusement restrictives, mettent l'Eglise sous la domination du pouvoir civil. Quant à Nous, ce Nous a été une douleur bien amère que de voir l'État faire ainsi invasion dans des matières qui sont du ressort exclusif de la puissance ecclésiastique, et Nous en gémissons d'autant plus qu'oublieux de l'équité et de la justice, il a créé par là à l'Église de France une situation dure, accablante et oppressive de ses droits les plus sacrés.

Les dispositions de la nouvelle loi sont en effet contraires à la constitution suivant laquelle l'Église a été fondée par Jésus-Christ. L'Ecriture nous enseigne, et la tradition des Pères nous le confirme, que l'Église est le corps mystique du Christ, corps régi par des *pasteurs* et des *docteurs* (1), — société d'hommes, dès lors, au sein de laquelle des chefs se trouvent qui ont de pleins et parfaits pouvoirs pour gouverner, pour enseigner et pour juger (2). Il en résulte que cette Église est par essence une société *inégale*, c'est-à-dire une société comprenant deux catégories de personnes, les pasteurs et le troupeau, ceux qui occupent un rang dans les différents degrés de la hiérarchie et la multitude des fidèles. Et ces catégories sont tellement distinctes entre elles que dans le corps pastoral seul résident le droit et l'autorité nécessaires pour promouvoir et diriger tous les membres vers la fin de la société ; quant à la multitude, elle n'a pas d'autre devoir que celui

(1) Ephes. IV, 11 seqq.
(2) Math. XXVIII, 18-20 ; XVI, 18-19 ; XVIII, 17 ; Tit. II, 15. — II Cor. X, 6 ; XIII, 10, etc.

de se laisser conduire et, troupeau docile, de suivre ses pasteurs. — Saint Cyprien, martyr, exprime cette vérité d'une façon admirable, quand il écrit : « Notre-Seigneur dont nous devons révérer et observer les préceptes, réglant la dignité épiscopale et le mode d'être de son Église, dit dans l'Évangile, en s'adressant à Pierre : *Ego dico tibi quia tu es Petrus*, etc. Aussi, à travers les vicissitudes des âges et des événements, l'économie de l'épiscopat et la constitution de l'Église se déroulent de telle sorte que l'Eglise repose sur les évêques et que toute sa vie active est gouvernée par eux. — *Dominus Noster, cujus præcepta metuere et servare debemus, Episcopi honorem et Ecclesiæ suæ rationem disponens, in Evangelio loquitur et dicit Petro: Ego dico tibi quia tu es Petrus, etc... Inde per temporum et successionum vices Episcoporum ordinatio et Ecclesiæ ratio decurrit, ut Ecclesia super Episcopo constituatur et omnis actus Ecclesiæ per eosdem præpositos gubernetur* (1). » Saint Cyprien affirme que tout cela est fondé sur une loi divine *divina lege fundatum*. Contrairement à ces principes, la loi de séparation attribue l'administration et la tutelle du culte public non pas au corps hiérarchique divinement institué par le Sauveur, mais à une association de personnes laïques. A cette association, elle impose une forme, une personnalité juridique, et pour tout ce qui touche au culte religieux, elle la considère comme ayant seule des droits civils et des responsabilités à ses yeux. Aussi est-ce à cette association que reviendra l'usage des temples et des édifices sacrés ;

(1) S. Cypr. Epist. XXVII (al. XXVIII) ad Lapsos, I, II.

c'est elle qui possédera tous les biens ecclésiastiques, meubles et immeubles ; c'est elle qui disposera, quoique d'une manière temporaire seulement, des évêchés, des presbytères et des séminaires ; c'est elle enfin qui administrera les biens, réglera les quêtes et recevra les aumônes et les legs destinés au culte religieux. Quant au corps hiérarchique des pasteurs, on fait sur lui un silence absolu. Et si la loi prescrit que les associations cultuelles doivent être constituées conformément aux règles d'organisation générale du culte dont elles se proposent d'assurer l'exercice, d'autre part on a bien soin de déclarer que, dans tous les différends qui pourront naître relativement à leurs biens, seul, le Conseil d'Etat sera compétent. Ces associations cultuelles elles-mêmes seront donc vis-à-vis de l'autorité civile dans une dépendance telle que l'autorité ecclésiastique, et c'est manifeste, n'aura plus sur elles aucun pouvoir. Combien toutes ces dispositions sont blessantes pour l'Église et contraires à ses droits et à sa constitution divine, il n'est personne qui ne l'aperçoive au premier coup d'œil. Sans compter que la loi n'est pas conçue sur ce point en des termes nets et précis, qu'elle s'exprime d'une façon très vague et se prêtant largement à l'arbitraire et qu'on peut dès lors redouter de voir surgir, de son interprétation même, de plus grands maux.

En outre, rien n'est plus contraire à la liberté de l'Eglise que cette loi. — En effet, quand, par suite de l'existence des associations cultuelles, la loi de séparation empêche les pasteurs d'exercer la plénitude de leur autorité et de leur charge sur le peuple des fidèles ; quand elle attribue la juridiction suprême sur ces associations au Conseil d'Etat et qu'elle les soumet à toute une série de prescriptions en dehors du droit commun, qui rendent leur fondation difficile et plus difficile encore leur maintien ; quand, après avoir proclamé la liberté du culte, elle en restreint l'exercice par de multiples exceptions ; quand elle dépouille l'Église de la police intérieure des temples pour en investir l'État ; quand elle entrave la prédication de la foi et de la morale catholique et édicte contre les clercs un régime pénal sévère et d'exception ; quand elle sanctionne ces dispositions et plusieurs autres dispositions semblables où l'arbitraire peut aisément s'exercer, que fait-elle donc, sinon de placer l'Église dans une sujétion humiliante et, sous le prétexte de protéger l'ordre public, ravir à des citoyens paisibles, qui forment encore l'immense majorité en France, le droit sacré d'y pratiquer leur propre religion ? Aussi n'est-ce pas seulement en restreignant l'exercice de son culte, auquel la loi de séparation réduit faussement toute l'essence de la religion, que l'État blesse l'Église ; c'est encore en faisant obstacle à son influence toujours si bienfaisante sur le peuple et en paralysant de mille manières son action. C'est ainsi, entre autres choses, qu'il ne lui a pas suffi d'arracher à cette Église les ordres religieux, ses précieux auxiliaires dans le sacré ministère, dans l'enseignement, dans l'éducation, dans les œuvres de charité chrétienne, mais qu'elle la prive encore des ressources qui constituent les moyens humains nécessaires à son existence et à l'accomplissement de sa mission.

Outre les préjudices et les injures que nous avons relevés jusqu'ici, la loi de séparation viole encore le droit de propriété de l'Église et elle le foule aux pieds. Contrairement à toute justice, elle dépouille cette Église d'une grande partie d'un patrimoine qui lui appartient pourtant à des titres aussi multiples que sacrés : elle supprime et annule toutes les fondations pieuses très légalement consacrées au culte ou à la prière pour les trépassés. Quant aux ressources que la libéralité catholique avait constituées pour le maintien des écoles chrétiennes ou pour le fonctionnement des différentes œuvres de bienfaisance cultuelles, elle les transfère à des établissements laïques où l'on chercherait vainement d'ordinaire le moindre vestige de religion. En quoi, elle ne viole pas seulement les droits de l'Eglise, mais encore la volonté formelle et explicite des donateurs et des testateurs. — Il nous est extrêmement douloureux aussi, qu'au mépris de tous les droits, la loi déclare propriété de l'État, des départements ou des communes tous les édifices ecclésiastiques antérieurs au Concordat. Et si la loi en concède l'usage indéfini et gratuit aux associations cultuelles, elle entoure cette concession de tant et de telles réserves qu'en réalité elle laisse aux pouvoirs publics la liberté d'en disposer. — Nous avons de plus les craintes les plus véhémentes en ce qui concerne la sainteté de ces temples, asiles augustes de la majesté divine et lieux mille fois chers, à cause de leurs souvenirs, à la piété du peuple français. Car ils sont certainement en danger, s'ils tombent entre les mains laïques, d'être profanés. — Quand la loi, supprimant le budget des cultes, exonère ensuite l'État de l'obligation de pourvoir aux dépenses cultuelles, en même temps elle viole un engagement contracté dans une convention diplomatique et elle blesse très gravement la justice. Sur ce point, en effet, aucun doute n'est possible, et les documents historiques eux-mêmes en témoignent de la façon la plus claire : si le gouvernement français assuma dans le Concordat la charge d'assurer aux membres du clergé un traitement qui leur permît de pourvoir, d'une façon convenable, à leur entretien et à celui du culte religieux, il ne fit point cela à titre de concession gratuite : il s'y obligea à titre de dédommagement, partiel au moins, vis-à-vis de l'Église dont l'État s'était approprié les biens pendant la première Révolution. D'autre part aussi, quand, dans ce même Concordat et par amour de la paix, le Pontife romain s'engagea, en son nom et au nom de ses successeurs, à ne pas inquiéter les détenteurs des biens qui avaient été ainsi ravis à l'Église, il est certain qu'il ne fit cette promesse qu'à une condition : c'est que le gouvernement français s'engagerait à perpétuité à doter le clergé d'une façon convenable et à pourvoir aux frais du culte divin.

Enfin, — et comment pourrions-Nous bien Nous taire sur ce point ? — en dehors des intérêts de l'Eglise qu'elle blesse, la nouvelle loi sera aussi des plus funestes à votre pays. Pas de doute, en effet, qu'elle ne ruine lamentablement l'union et la concorde des âmes. Et cependant, sans cette union et sans cette concorde, aucune nation ne peut vivre ou prospérer. Voilà pourquoi, dans la situation présente de l'Europe surtout, cette harmonie parfaite forme le vœu le plus ardent de tous ceux en France, qui, aimant vraiment leur pays, ont encore à cœur le salut de la patrie. Quant à Nous, à l'exemple de

Notre prédécesseur et héritier de sa prédilection toute particulière pour votre nation, Nous Nous sommes efforcé sans doute de maintenir la religion de vos aïeux dans l'intégrale possession de tous ses droits parmi vous; mais, en même temps et toujours, ayant devant les yeux cette paix fraternelle dont le lien le plus étroit est certainement la religion, Nous avons travaillé à vous raffermir tous dans l'union. Aussi, Nous ne pouvons pas voir, sans la plus vive angoisse, que le gouvernement français vient d'accomplir un acte qui, en attisant sur le terrain religieux des passions excitées déjà d'une façon trop funeste, semble de nature à bouleverser de fond en comble tout votre pays.

C'est pourquoi Nous souvenant de Notre Charge apostolique et conscient de l'impérieux devoir qui Nous incombe de défendre contre toute attaque et de maintenir dans leur intégrité absolue les droits inviolables et sacrés de l'Église, en vertu de l'autorité suprême que Dieu Nous a conférée, Nous, pour les motifs exposés ci-dessus, Nous réprouvons et Nous condamnons la loi votée en France sur la séparation de l'Eglise et de l'Etat comme profondément injurieuse vis-à-vis de Dieu qu'elle renie officiellement en posant en principe que la République ne reconnaît aucun culte, Nous la réprouvons et condamnons comme violant le droit naturel, le droit des gens et la fidélité publique due aux traités; comme contraire à la constitution divine de l'Église, à ses droits essentiels et à sa liberté, comme renversant la justice et foulant aux pieds les droits de propriété que l'Eglise a acquis à des titres multiples et, en outre, en vertu du Concordat. Nous la réprouvons et condamnons comme gravement offensante pour la dignité de ce Siège apos-

tolique, pour Notre personne, pour l'épiscopat, pour le clergé et pour tous les catholiques français. En conséquence, Nous protestons solennellement et de toutes Nos forces contre la proposition, contre le vote et contre la promulgation de cette loi, déclarant qu'elle ne pourra jamais être alléguée contre les droits imprescriptibles et immuables de l'Eglise pour les infirmer.

Nous devions faire entendre ces graves paroles et vous les adresser, à vous, Vénérables Frères, au peuple de France et au monde chrétien tout entier, pour dénoncer le fait qui vient de se produire. Assurément, profonde est Notre tristesse, comme nous l'avons déjà dit, quand par avance Nous mesurons du regard les maux que cette loi va déchaîner sur un peuple si tendrement aimé par Nous. Et elle Nous émeut plus profondément encore à la pensée des peines, des souffrances, des tribulations de tout genre qui vont incomber à vous aussi, Vénérables Frères, et à votre clergé tout entier. Mais, pour nous garder, au milieu de sollicitudes si accablantes, contre toute affliction excessive et contre tous les découragements, Nous avons le ressouvenir de la Providence divine, toujours si miséricordieuse, et l'espérance mille fois vérifiée que jamais Jésus-Christ n'abandonnera son Eglise, que jamais il ne la privera de son indéfectible appui. Aussi sommes-Nous bien loin d'éprouver la moindre crainte pour cette Église. Sa force est divine, comme son immuable stabilité : l'expérience des siècles le démontre victorieusement. Personne n'ignore, en effet, les calamités innombrables et plus terribles les unes que les autres qui ont fondu sur elle pendant cette longue durée : et, là où toute institution purement humaine eût dû nécessairement s'écrouler, l'Eglise a toujours puisé dans ses épreuves une force plus vigoureuse et une plus opulente fécondité. Quant aux lois de persécution dirigées contre elle, — l'histoire nous l'enseigne et dans les temps assez rapprochés encore, la France elle-même nous le prouve, — forgées par la haine, elles finissent toujours par être abrogées avec sagesse, quand devient manifeste le préjudice qui en découle pour les Etats. Plaise à Dieu que ceux qui, en ce moment, sont au pouvoir en France, suivent bientôt sur ce point l'exemple de ceux qui les y précédèrent! Plaise à Dieu qu'aux applaudissements de tous les gens de bien ils ne tardent pas à rendre à la religion, source de civilisation et de prospérité pour les peuples, avec l'honneur qui lui est dû, la liberté.

En attendant, et aussi longtemps que durera une persécution oppressive, « revêtus des armes de lumière (1) » les enfants de l'Eglise doivent agir de toutes leurs forces, pour la Vérité et pour la Justice : c'est leur devoir toujours, c'est leur devoir aujourd'hui plus que jamais. — Dans ces saintes luttes, Vénérables Frères, vous qui devez être les maîtres et les guides de tous les autres, vous apporterez toute l'ardeur de ce zèle vigilant et infatigable, dont, de tout temps, l'Episcopat français a fourni, à sa louange, des preuves si connues de tous. Mais, par-dessus tout, Nous voulons — car c'est une chose d'une importance extrême — que dans tous les projets que vous entreprendrez pour la défense de l'Eglise, vous vous efforciez de réaliser la plus par-

(1) Rom. XIII, 12.

faite union de cœur et de volonté. — Nous sommes fermement résolu à vous adresser en temps opportun des instructions pratiques, pour qu'elles vous soient une règle de conduite sûre au milieu des grandes difficultés de l'heure présente. Et Nous sommes certain d'avance que vous vous y conformerez très fidèlement. — Poursuivez cependant l'œuvre salutaire que vous faites : ravivez le plus possible la piété parmi les fidèles; promouvez et vulgarisez de plus en plus l'enseignement de la doctrine chrétienne; préservez toutes les âmes qui vous sont confiées des erreurs et des séductions qu'aujourd'hui elles rencontrent de tant de côtés; instruisez, prévenez, encouragez, consolez votre troupeau; acquittez-vous enfin vis-à-vis de lui de tous les devoirs que vous impose votre charge pastorale. Dans cette œuvre, vous aurez sans doute comme collaborateur infatigable votre clergé. Il est riche en hommes remarquables par leur piété, leur science, leur attachement au Siège apostolique, et Nous savons qu'il est toujours prêt à se dévouer sans compter, sous votre direction, pour le triomphe de l'Eglise et pour le salut éternel du prochain. — Bien certainement aussi, les membres de ce clergé comprendront que, dans cette tourmente, ils doivent avoir au cœur les sentiments qui furent jadis ceux des apôtres et ils se réjouiront d'avoir été jugés dignes de souffrir des opprobres pour le nom de Jésus : *Gaudentes... quoniam digni habiti sunt pro nomine Jesu contumeliam pati* (1). Ils revendiqueront donc vaillamment les droits et la liberté de l'Eglise, mais sans offenser

(1) Act. V, 41.

personne. Bien plus, soucieux de garder la charité, comme le doivent surtout les ministres de Jésus-Christ, ils répondront à l'iniquité par la justice, aux outrages par la douceur et aux mauvais traitements par des bienfaits.

Et maintenant, c'est à vous que Nous Nous adressons, catholiques de France : que Notre parole vous parvienne à tous, comme un témoignage de la très tendre bienveillance avec laquelle Nous ne cessons pas d'aimer votre pays et comme un réconfort au milieu des calamités redoutables qu'il va vous falloir traverser. Vous savez le but que se sont assigné les sectes impies qui courbent vos têtes sous leur joug, car elles l'ont elles-mêmes proclamé avec une cynique audace : « décatholiciser » la France. Elles veulent arracher de vos cœurs, jusqu'à la dernière racine, la foi qui a comblé vos pères de gloire, la foi qui a rendu votre patrie prospère et grande parmi les nations, la foi qui vous soutient dans l'épreuve, qui maintient la tranquillité et la paix à votre foyer et qui vous ouvre la voie vers l'éternelle félicité. C'est de toute votre âme, vous le sentez bien, qu'il vous faut défendre cette foi. Mais ne vous y méprenez pas : travail et efforts seraient inutiles, si vous tentiez de repousser les assauts qu'on vous livrera, sans être fortement unis. Abdiquez donc tous les germes de désunion s'il en existait parmi vous, Et faites le nécessaire pour que dans la pensée comme dans l'action, votre union soit aussi ferme qu'elle doit l'être parmi des hommes qui combattent pour la même cause, surtout quand cette cause est de celles au triomphe de qui chacun doit volontiers sacrifier quelque chose de ses propres opinions. — Si vous voulez, dans la limite de vos forces et comme c'est votre devoir impérieux, sauver la religion de vos ancêtres des dangers qu'elle court, il est de toute nécessité que vous déployiez, dans une large mesure, vaillance et générosité. Cette générosité, vous l'aurez, Nous en sommes sûr; et en vous montrant ainsi charitables vis-à-vis de ses ministres, vous inclinerez Dieu à se montrer de plus en plus charitable vis-à-vis de vous.

Quant à la défense de la religion, si vous voulez l'entreprendre d'une manière digne d'elle, la poursuivre sans écarts et avec efficacité, deux choses importent avant tout; vous devez d'abord vous modeler si fidèlement sur les préceptes de la loi chrétienne que vos actes et votre vie tout entière honorent la foi dont vous faites profession; — vous devez ensuite demeurer très étroitement unis avec ceux à qui il appartient en propre de veiller ici-bas sur la religion, avec vos prêtres, avec vos évêques, et surtout avec ce Siège apostolique, qui est le pivot de la foi catholique et de tout ce qu'on peut faire en son nom. Ainsi armés pour la lutte, marchez sans crainte à la défense de l'Église; mais ayez bien soin que votre confiance se fonde tout entière sur le Dieu dont vous soutiendrez la cause, et, pour qu'il vous secoure, implorez-le sans vous lasser. — Pour nous, aussi longtemps que vous aurez à lutter contre le danger, nous serons de cœur et d'âme au milieu de vous; labeurs, peines, souffrances, Nous partagerons tout avec vous; et, adressant en même temps au Dieu, qui a fondé l'Église et qui la conserve, nos prières les plus humbles et les plus instantes, Nous le supplierons d'abaisser sur la France un regard de miséricorde, de l'arracher aux flots déchaînés autour d'elle et de lui rendre bientôt, par l'intercession de Marie-Immaculée, le calme et la paix.

Comme présage de ces bienfaits célestes et pour vous témoigner Notre prédilection toute particulière, c'est de tout cœur que Nous vous donnons Notre bénédiction apostolique, à vous, Vénérables Frères, à votre clergé et au peuple français tout entier.

Donné à Rome, auprès de Saint-Pierre, le 11 février de l'année 1906, de Notre Pontificat la troisième.

PIUS PP. X.

IX

Les Protestants et la Séparation (1)

1906

Quand les douze coups de minuit auront sonné, après-demain, aux horloges de France, il y aura du nouveau dans l'histoire de notre pays et de nos églises. L'an neuf ne sera pas cette fois une pure fiction astronomique, une

(1) Pour donner une idée de la façon dont la Séparation a été accueillie dans les milieux protestants, je mets sous les yeux des lecteurs un article de *La Vie Nouvelle*, journal des protestants français, hebdomadaire, 5 fr. par an. Administration chez M. le Pasteur Louis Lafon, rue de Sapiac, à Montauban. L'article suivant a paru en tête du numéro du 30 décembre 1905.

date irréelle et vaine. Il marquera le point de départ d'une véritable révolution religieuse, de la transformation la plus décisive que depuis cent années ait subie le peuple français.

Nous saluons, nous, cette date comme un commencement et non comme une fin, comme une aube qui annonce le grand jour, et non comme un crépuscule où la lumière s'éteint. Nous croyons que la Séparation des Eglises et de l'Etat est le moyen dont Dieu va se servir pour nous renouveler.

Aucun renouvellement ne se fait sans un dépouillement. Aucune naissance n'a lieu sans douleurs. L'année 1906 sera, pour nos églises, une année de peine, de tracas et souvent de tristesses. Beaucoup, peut-être le plus grand nombre parmi nous, tremblent déjà à l'approche de la liberté et redoutent la poussée de démocratie qui se fait déjà sentir en plusieurs de nos paroisses et bientôt les remuera toutes.

Le peuple protestant, demain, sera maître de lui-même. Les autorités ecclésiastiques sont jetées à terre du coup de faux de la loi. Les pasteurs chefs inamovibles des paroisses jusqu'au 31 décembre, sont, dès le 1er janvier, à la merci de leurs paroissiens qui ont le droit de leur accorder ou de leur refuser un nouveau mandat. Les Conseils presbytéraux et les Consistoires ne se survivront à eux-mêmes que quelques mois, pour faire leur testament et préparer leurs propres obsèques. Les partis ecclésiastiques, dont les cadres déjà sont brisés, disparaîtront à leur tour, comme s'en vont les molécules usées d'un organisme vivant.

L'autorité nouvelle sera dans l'église locale, dans le peuple protestant délibérant et agissant en ses assemblées de paroisse. C'est là que tout sera décidé souverainement, et les ordres du jour des chefs de parti pèseront sur ces décisions d'un poids bien léger.

En plusieurs endroits, à la campagne comme à la ville, les protestants déjà se consultent, se réunissent, délibèrent, prennent en mains les destinées de leur église. Ils sont un peu hésitants et très troublés, ainsi que des mineurs sous tutelle subitement émancipés. Mais déjà on peut constater qu'ils ne seront pas au-dessous de la tâche qui s'impose à eux, indignes de la liberté qui leur est donnée. Ils veulent conserver leur vieille église protestante, et plusieurs les avaient calomniés qui prétendaient qu'indifférents à son sort ils la laisseraient mourir. Les indifférents aujourd'hui sortent de leur torpeur. Dans deux mois on pourra faire le total des protestants et des protestantes inscrits sur les registres des associations cultuelles. Il n'y en aura pas beaucoup qui auront manqué à l'appel.

Et l'avènement du peuple protestant au pouvoir, la prise de possession par lui de l'autorité ecclésiastique, fera la simplification des problèmes auxquels les vieux partis appliquent depuis si longtemps leur esprit routinier sans pouvoir en trouver la solution. Car notre peuple, heureusement, n'est ni Droite, ni Gauche, ni Centre : il n'est que protestant. Il veut rester chrétien. Le sectarisme théologique et ecclésiastique ne l'a pas atteint plus bas que la surface. Il pense que l'Evangile est pour tous, et que pourvu qu'on veuille servir Dieu et reconnaître Jésus-Christ pour le Sauveur, on est de droit membre de l'Eglise. Il est demeuré, malgré les efforts des partis pour l'enrégimenter sous des bannières rivales, à la fois attaché aux dogmes anciens, mais sans fanatisme, uniquement par tradition, et très résolument épris de liberté ecclésiastique et de fraternité. Il ne conçoit pas l'Eglise à l'état de compartiments séparés et distincts, à l'état de discorde. Le support mutuel, la tolérance, la concorde lui semblent justement l'idéal de l'Eglise chrétienne. Et si les vieux lutteurs du corps pastoral sont toujours debout dans l'arène, cuirassés et casqués, et du geste, de la voix défiant leurs anciens adversaires, on voit au contraire, ici et là, même les militants les plus ardents jadis parmi les laïques, les hommes de la bataille ecclésiastique orthodoxo-libérale se munir de feuilles d'olivier pour aller offrir la paix et la fraternité à ceux du camp opposé.

Il y aura des schismes, oui, partiels et restreints, des schismes locaux. Le grand schisme ne se fera pas, quels que soient les votes des Synodes ou autres assemblées de partis, parce que les protestants n'en veulent pas, et qu'ils sont les arbitres de la situation ecclésiastique.

Et ce qui sortira finalement de l'agitation qui commence à descendre dans la masse, ce que produiront les examens de conscience inévitables à l'heure où il faut prendre des résolutions viriles, les sacrifices qu'il va falloir consentir, sacrifices d'argent et aussi de préjugés et d'inimitiés personnelles, l'activité qu'il va falloir déployer, ce que produira ce mouvement des âmes tirées par la force des choses de leur sommeil, ce sera un intérêt nouveau pour l'église, un attachement plus profond à l'Evangile dont la valeur apparaîtra plus grande, un désir plus vif de se rapprocher du Sauveur sans lequel l'église elle-même ne serait plus qu'une institution vaine et vide, ce sera le réveil religieux, un réveil populaire et bien français, bien huguenot, renaissance d'une piété humble, simple et forte, et d'une moralité haute et joyeuse.

Frères laïques, à l'œuvre ! A l'œuvre partout, dans toutes les églises ! A l'œuvre avec confiance, pour la foi et pour la fraternité ; n'attendez pas ! il n'y a rien à attendre que votre effort personnel, pour reconstituer vos églises dans la fidélité à Jésus-Christ et dans l'amour chrétien !

Que Dieu bénisse votre effort ! et qu'au 1er janvier 1907, si nous sommes encore vivants ici-bas, nous puissions aller tous dans nos temples pour célébrer avec l'allégresse du chant des vieux psaumes et par des prières d'actions de grâce la réorganisation, achevée dans la paix protestante, des églises huguenotes, désormais unies pour le bon combat contre l'incrédulité et l'immoralité, capables de faire rayonner à travers la patrie la lumière de l'Evangile !

Louis LAFON.

X

Les Israélites et la Séparation (1).

CHEZ LES JUIFS

« La Séparation amènera inévitablement de profonds changements au sein du judaïsme français, parce que celui-ci tiendra désormais à s'organiser suivant ses besoins réels et son esprit propre. Sous le régime passé, son organisation lui avait été imposée du dehors.

(1) Pour tâcher de donner une idée documentée de l'accueil fait par les Israélites à la nouvelle loi, je transcris un article de *L'Avant-Garde*, journal d'Evangélisation, organe des chrétiens sociaux de langue française (15 février 1906. Directeur M. J. Roth, pasteur, 23, rue Moncade, à Orthez) (Basses-Pyrénées). Semi-mensuel. Pas de tarif d'abonnement. Cette feuille ne vit que des dons que ses amis ont la bonté de consentir en sa faveur.

Circonscriptions consistoriales, consistoire central, grands-rabbins étaient des instruments administratifs établis par Napoléon Ier. Avec la loi nouvelle, ces cadres tombent et c'est la communauté, telle que l'ont constituée les circonstances géographiques et historiques, ou telle que les constitueront les nécessités nouvelles, qui va reprendre son ancienne figure de groupe déterminé et autonome. Déjà, sous le régime d'autrefois, les communautés supportaient difficilement d'être soumises au contrôle des consistoires. Il est à présumer que, maintenant qu'elles seront tout à fait libres, elles n'accepteront pas d'ingérence extérieure dans leurs affaires.

« Est-ce à dire que ces communautés demeureront sans lien les unes avec les autres ? Ce serait l'atomisation, la dispersion en poussière du judaïsme français. Tous ceux qui ont à cœur la conservation et le développement du culte israélite dans notre pays demandent que les communautés ne restent point à l'état de groupements isolés et jalousement clos, mais que, tout en conservant chacune son autonomie, elles affirment leur résolution de solidarité avec l'ensemble de leurs frères.

« C'est dans ce sens qu'a été élaboré et adopté provisoirement par le consistoire central un texte de statuts modèles pour associations cultuelles israélites. Ce texte a été communiqué aux communautés, pour qu'elles puissent présenter les objections qu'il pourrait leur suggérer.

« Ces statuts prévoient une réunion des associations, à la tête de laquelle serait placé un conseil qui aurait la haute direction du judaïsme français.

« Dans les dépenses du budget ordinaire serait comprise une contribution que l'association verserait à l'Union centrale des associations cultuelles israélites, ainsi que les subventions qu'elle pourrait allouer directement à d'autres associations cultuelles. Le rabbin serait nommé par une commission composée des membres du Conseil d'administration et d'un nombre égal de délégués élus par l'association. La rémunération serait soumise à l'approbation du Conseil de l'Union des associations.

« C'est ce dernier point qui est le plus délicat. Les communautés ont toujours entendu, elles entendront plus que jamais être maîtresses dans le choix de leurs fonctionnaires. Et cependant, d'un autre côté, suivant de bons esprits, il serait désirable que le rabbin ne fût pas sous la dépendance absolue de sa communauté, qu'il pût, en cas d'injustice ou de dissentiment, se sentir soutenu dans ses droits et dans sa dignité par un comité d'hommes ayant le prestige de la valeur personnelle, l'autorité du jugement impartial et l'éclat des services rendus. La seule chance que les communautés acceptent la haute direction d'un Conseil central, ce serait qu'elles sentissent effectivement à la tête du judaïsme français des individualités réunissant les qualités que nous venons de dire. Ce serait aussi que l'Union centrale accordât des subsides aux associations. Elle aurait là un moyen d'imposer sa manière de voir, car, au cas où l'association s'obstinerait, l'Union lui refuserait toute allocation.

« Comment la Séparation est-elle accueillie

par les juifs français ? Pour aussi loin que s'étendent nos informations, nous pouvons assurer que la très grande majorité se montre plutôt favorable au nouvel état de choses.

« On ne saurait envisager sérieusement l'hypothèse que la somme allouée jusqu'ici par l'Etat et qui ne s'élevait pas à 200,000 francs ne puisse être retrouvée. Les grandes communautés ne souffriront pas des nouvelles conditions. Quant aux petites communautés, elles s'associeront avec une plus grande ou entre elles, et, en cas d'insuffisance de ressources, recevront le nécessaire de la caisse centrale.

« Voilà pour le côté matériel. En ce qui concerne le côté spirituel, beaucoup se réjouissent du fait de la Séparation, car ils en espèrent une ère de plus fécondes destinées, un rajeunissement de vitalité. Bien des personnes qui naguère languissaient dans une tiédeur voisine du point de congélation, secoueront leur indifférence, suivront avec intérêt les phases nouvelles où vont s'engager les vieilles croyances de leurs pères et reviendront à une pratique plus assidue de la foi.

« D'autre part, comme ce sera le règne de la pleine liberté, toutes les nuances de l'arc-en-ciel religieux auront occasion et pouvoir de se manifester. A côté des orthodoxes de stricte observance et des conservateurs modérés qui seuls existaient jusqu'à ces temps derniers, les libéraux auront eux aussi leur tente au camp de Juda, et pourront s'appliquer à la réalisation de leur vue, qui est d'harmoniser la foi avec les exigences légitimes de la science, de la conscience et de la socialité modernes.

Déjà un groupe important de personnalités du judaïsme parisien s'est réuni ; il a jeté les bases d'une association libérale. Cette association aura son organisation et son rabbin propres. Elle célèbrera un office le dimanche matin, où la plupart des prières seront en français. A côté du prédicateur attitré, toutes personnes jugées aptes pourront porter la parole. L'instruction s'inspirera des résultats avérés du savoir contemporain. Mais, en même temps, cette association entend ne point se séparer de l'Union générale et ses membres entendent contribuer aux dépenses et aux œuvres communes.

« Tels sont, dans leurs grands traits, les différents aspects sous lesquels la question de la Séparation se présente actuellement parmi les israélites. Je dis « actuellement », car on en est encore à la période de tâtonnement, et c'est seulement dans quelques mois qu'on connaîtra exactement les conséquences où la nouvelle loi aura conduit le judaïsme français.

Un rabbin, lecteur de « l'Avant-Garde. »

X

Anathème d'Innocent III contre la Grande Charte d'Angleterre (1).

Quia vero nobis a Domino dictum est in Propheta : *Constitui te super gentes, et Regna, ut evellas, et destruas, ædifices et plantes* (2). Itemque per alium Prophetam : *Dissolve colligationes impietatis, solve fasciculos deprimentes* (3) Nos tantæ malignitatis audaciam dissimulare nolentes in Apostolicæ Sedis contemptum, Regalis juris dispendium,

(1) Extrait de la bulle *Etsi carissimus* du 23 août 1215, *Bullaire romain*, édition Cocquelines, t. III, p. 172, ss. Voir plus haut, p. LXIII, n. 2.

(2) Jerem. 1, 10.

(3) Isaï. 58, 6.

Anglicanæ gentis opprobrium, et grave periculum totius negotii Crucifixi, quod utique immineret, nisi per auctoritatem nostram revocarentur omnia, quæ a tanto Principe Cruce signato taliter sunt exorta, et ipso volente ea servare, EX PARTE DEI OMNIPOTENTIS PATRIS ET FILII, ET SPIRITUS SANCTI, AUCTORITATE QUOQUE APOSTOLORUM PETRI ET PAULI AC NOSTRA de communi Fratrum nostrorum consilio compositionem hujusmodi reprobamus penitus, et damnamus sub intimatione ANATHEMATIS prohibentes, ne dictus Rex eam observare præsumat, aut Barones cum complicibus suis ipsam exigant observari : tam chartam quam obligationes, seu cautiones quæcumque pro ipsa, vel de ipsa sunt factæ irritantes penitus et cassantes ; ut nullo unquam tempore aliquam habeant firmitatem.

XII

Mentalité cléricale.

Ce qu'on peut lire
dans un des principaux organes du catholicisme
en mars 1906 (1)

Constantinople, 12 mars.

Enlèvement d'enfants par des juifs.

Une vraie terreur règne parmi les populations chrétiennes des différents quartiers de

(1) La lettre qu'on va lire a été publiée dans la *Vérité Française*, du 19 mars 1906.

Je pense que tout commentaire est inutile et qu'on se sentira douloureusement ému en voyant les armes empoisonnées avec lesquelles des gens qui se disent catholiques cherchent à défendre leur foi, à l'aurore du vingtième siècle.

Certes l'anticléricalisme en arrive quelquefois à

Péra. Depuis quatre semaines, certains juifs s'appliquent à faire la chasse aux enfants chrétiens, cherchent à s'en emparer dans un but qu'on peut deviner à l'approche de la Pâque juive.

C'est ainsi que le jeune Lambros Nicolas, âgé de treize ans, a été empoigné le 20 février, à 6 heures du matin, non loin du Péra Palace, par deux individus de religion mosaïque et jeté dans un sac. Mais les cris de détresse du malheureux garçon furent tellement effrayants

des arguments bien faibles et bien méchants, mais on aurait beau chercher dans ses organes les plus dépréciés, on n'y trouverait jamais d'insinuations aussi abominables.

Les y trouvât-on, elles ne compromettraient que leur auteur, l'anticléricalisme n'ayant aucune organisation. Il en est tout autrement de l'Église où il y a une hiérarchie qui fait bonne garde et condamne impitoyablement l'erreur.

Je veux donc espérer que le saint et vénérable vieillard qui occupe aujourd'hui le trône archiépiscopal de Paris et qui a su, déjà bien souvent, poursuivre ce qu'il estimait l'erreur intellectuelle et dogmatique, voudra, cette fois, désolidariser le catholicisme des procédés d'une polémique qui n'est pas seulement un défi à la charité chrétienne, mais qui constitue un véritable crime social

que des voisins ouvrirent leurs fenêtres pour voir ce qui se passait, accoururent bientôt pour sauver l'enfant. Les deux juifs lâchèrent leur victime et prirent la fuite sans avoir pu être atteints.

Un autre enfant, du nom de Henri Baptistscha a trois fois été attaqué par de semblables immondes individus. Enfin, le 10 mars, vers le soir, un enfant arménien a été de nouveau enlevé à Férikeuï dans un sac par des Juifs. Aux cris du pauvre garçon, des hommes courageux, au nombre desquels il faut citer M. Bagtchiranoglose, professeur de langue turque à l'école italienne, accoururent, réussirent à délivrer le petit prisonnier et assommèrent les sinistres voleurs d'enfants. Il n'y avait pas de police turque dans ce quartier.

Les chrétiens, grecs, arméniens, latins, sont sur les dents et ne laissent plus sortir leurs enfants à certaines heures de la journée. La rumeur court que les Juifs cherchent une victime pour le sacrifice rituel de Pâque. L'année dernière, un enfant a été trouvé aux environs de Smyrne. Beaucoup d'habitants de Péra se souviennent de l'émotion énorme occasionnée, il y a vingt ans, par la découverte d'un enfant chrétien, trouvé sur la rive gauche du Bosphore, avec des plaies aux mains et aux pieds. Le sang lui avait été soutiré. On n'a jamais pu découvrir les criminels. Les chrétiens de tous les rites accusèrent les Juifs. — A signaler à M. Drumont, le vaillant auteur de la *France juive*.

CHERFIS (1).

(1) Cet article a été reproduit le 24 mars dans l'*Osservatore Romano*, journal officiel de N. S. P. le Pape.

Simple note sur les troubles de février 1906 à propos des Inventaires

Dans la préface il a été déjà assez longuement question des désordres qui ont marqué çà et là l'inventaire des biens des Eglises ; mais comme beaucoup de personnes, qui devraient être bien renseignées, semblent ne pas se rendre clairement compte de l'origine de ces manifestations, je voudrais ici brièvement établir quelques faits.

Une première remarque s'impose sur la tactique habituelle du parti conservateur ou clérical : deux ou trois fois par semaine ses principaux organes annoncent tragiquement une nouvelle persécution, un nouvel attentat du gouvernement contre la liberté, une provocation, une profanation.

On en fait grand tapage, on effraye, on

émeut le pauvre public, jusqu'au jour où le gouvernement déclare, dans une note, qu'il n'a jamais pensé à cette mesure.

On annonce bien le démenti du gouvernement, mais on ajoute gravement que les sectaires au pouvoir, effrayés par la réprobation publique, ont renoncé... provisoirement... à leurs desseins.

Deux fois cette manœuvre a été employée ces jours-ci. Un beau matin par exemple on annonça que le gouvernement séparait bien les églises de l'Etat, en ce qui le gênait, mais qu'il était décidé à exercer un droit d'approbation pour la nomination des évêques et qu'il allait instituer *l'exequatur*.

Puis on inventa la question des Tabernacles. On fit semblant de croire que les agents chargés de l'inventaire iraient fureter dans les ciboires et profaner les hosties!

Tout cela n'avait qu'un but, faire perdre la tête aux catholiques, les exaspérer. Malgré tout, quand les inventaires commencèrent à Paris, « le clergé ne marchait pas » au gré de la presse bien pensante. On décida de le faire

« marcher ». Chaque église reçut un bataillon de volontaires chargés d'organiser la résistance. Je ne puis songer à raconter ici par le menu cet envahissement des sanctuaires par des bandes qui injuriaient le clergé, si celui-ci se montrait mal disposé à exécuter leur consigne. Je n'apporterai ici que deux ou trois faits précis :

« Marc Sangnier se rendit à l'église Saint-Thomas d'Aquin, sa paroisse. On lui fit entendre sans détour que s'il n'était point décidé à accepter les ordres du premier venu qui s'improviserait organisateur de la défense, il n'avait qu'à sortir immédiatement de l'église, tout simplement. Et ce bref discours était accompagné d'appréciations — et non des plus flatteuses — à l'égard du clergé (1). »

Quant à la composition des bandes volantes, voici le témoignage d'un de leurs admirateurs, M. Oscar Havard :

« Hier, à Saint-Roch, j'ai assisté à de dou-

(1) Ce passage et le suivant sont empruntés à *l'Eveil Démocratique*, journal de M. Marc Sangnier, n° du 18 février 1906.

loureuses querelles entre le clergé de la paroisse et les jeunes gens... Nous nous trouvons évidemment en présence d'une jeunesse nouvelle — jeunesse complètement affranchie de l'idolâtrie républicaine et s'orientant déjà vers la monarchie qu'elle appelle, moins comme un repos que comme une vengeance.

« Il y a huit jours aucun de nos amis ne se doutait de l'espèce de rage qui dévore cette génération naissante et qui la soulève contre le régime... Parmi les jeunes combattants de Saint-Roch, de Sainte-Clotilde et de Saint-Pierre du Gros-Caillou, on m'a signalé de nombreux fils de magistrats révoqués, d'officiers mis en retrait d'emploi, de fonctionnaires destitués, braves gens déchus de leur rang et réduits parfois aux pires détresses. Victimes de la République, associés à la misère et à la déchéance de leur famille, ces enfants ont prononcé contre le régime le serment d'Annibal. »

Or les organisateurs de ces troubles connaissent leur métier, ils savent la répercussion énorme des faits qui se passent à Paris ; il était important d'agir à Paris, mais il est tout aussi important de raconter ce qui se fait à Paris. De là l'audace avec laquelle on grossissait les désordres de la capitale, on représentait comme un mouvement religieux une grossière manœuvre politique, et on supprimait enfin toute indication sur le manque d'enthousiasme avec lequel certains curés s'étaient laissé défendre (1).

Ouvrez *Le Pèlerin* du 11 février. Voici les titres des principaux articles : **Le Sang a coulé. Les journées sanglantes de Paris. Prise d'assaut de Sainte-Clotilde et de Saint-Pierre du Gros-Caillou — Nouvel assaut sanglant.** Et tout cela est accompagné de photographies complaisantes auprès desquelles on lit : **Le gouvernement fait assommer les catholiques. Sanglante prise d'assaut de l'Eglise du Gros-Caillou à Paris.**

Il faudrait avoir une santé intellectuelle que n'ont guère les lecteurs du *Pèlerin*, pour

(1) Voir à l'Appendice les documents I, II et III.

faire la part de la vérité et de l'effronterie mensongère dans des récits de ce genre.

Croyant tout cela exact, les milieux catholiques de province ne pouvaient pas ne pas organiser, eux aussi, la résistance.

De tous côtés il y a des prêtres qui nous assurent qu'ils ne sont pour rien dans les troubles. Il faut, naturellement, les en croire sur parole.

Mais quand on va plus loin, quand on cherche à nous persuader que les difficultés auraient surgi sur tous les points à la fois, sans préparation, sans fomentation, nous avons le droit de nous refuser à croire ce miracle.

Le miracle, c'eût été qu'avec les excitations des feuilles cléricales, ces mouvements n'eussent pas eu lieu.

Certains grands journaux constatent avec étonnement les stupides idées que certains de nos paysans ont touchant la loi (*Temps* du 3 mars).

On a dit à nos paysans que le gouvernement veut s'emparer de tous les biens des catholiques. On leur a laissé croire, en conséquence, que l'inventaire terminé, les agents de l'enregistrement emporteraient tout ce qui se trouve dans les églises, qu'ils détruiraient ces dernières et prendraient possession des terres.

Si invraisemblable que cela paraisse, il s'est trouvé des paysans assez pleins de confiance en ceux qui leur parlaient pour ajouter foi à de tels propos. Ils les répètent avec une naïveté farouche et leur bonne foi est déconcertante.

J'ai interrogé plusieurs manifestants pour connaître directement leurs opinions, et je les ai entendu m'affirmer que le gouvernement allait « s'approprier leurs terres » !

Comment s'étonner ensuite que ces hommes entrent en guerre ouverte avec le gouvernement ?

Mais ce qui est encore plus étrange, c'est que ces journaux n'aient pas prévu tout cela, ne se soient pas douté de l'apostolat de haine et de mensonge de toute une partie de la presse.

M. Pierre de Quirielle, qui a donné, dans la *République Française*, une série d'articles tout à fait remarquables sur les questions religieuses actuelles, a intitulé le dernier : *Graves responsabilités* (n° du 2 mars), et fait retomber la faute de ce qui arrive sur ceux qui ont fait ou laissé voter la loi.

Chacun de nous a pu voir des enfants terribles répondre aux ordres de leurs parents : « Prenez gardé, si vous me mettez en colère, je briserai tout, et ce sera votre faute (1). »

On ne s'attendait pas à voir ce système repris pour la politique. C'est évidemment un lapsus, mais il a aussitôt mérité les applaudissements de ces Messieurs de *la Croix* (n° du 3 mars).

Je suis heureux de prendre à partie M. de Quirielle parce que, n'étant ni catholique, ni journaliste de profession, mais historien, il nous montre avec quelle facilité des esprits très distingués et, qui plus est, au courant de la question, font de grosses erreurs de fait, erreurs que les spectateurs indépendants et désintéressés ont le devoir de relever. « Personne, dit-il, ne pouvait prévoir l'agitation à propos des inventaires, pas même ceux qui l'ont vue avec un certain plaisir. »

Nous avons dit plus haut ce qu'il fallait penser de cette assertion. Ce qui la rend plus

(1) Voir plus haut, les menaces de la *Vérité*, p. 122, n. 1 et 133 suiv.

grave, c'est que son auteur connaît fort bien le théâtre des derniers incidents :

« Des renseignements très sûrs nous confirment que cette agitation est très grave et très inquiétante, et celui qui signe connaît personnellement la région. Elle embrasse, d'ailleurs, tout cet îlot montagneux des Cévennes qui comprend également les hauts plateaux de l'Ardèche et de la Lozère... On ne paraît pas se rendre compte suffisamment à Paris de l'état d'esprit de ces populations. Ce serait se tromper que de voir dans leur agitation un résultat d'intrigues politiques. Il est puéril de leur prodiguer des conseils de sagesse et de modération excellents en eux-mêmes. Elles ne lisent pas le *Temps*. Elles ne lisent pas non plus le *Soleil*, qui leur crie : Haut les cœurs ! Haut les fourches ! Battez-vous ferme, jetez-nous bas la République ! Paroles odieuses, si elles n'étaient surtout ridicules... »

J'en demande pardon à M. de Quirielle, mais en lisant ce passage, je me suis demandé s'il était possible de dire tant de choses exactes et de provoquer en même temps des conclusions plus fausses.

Oui, il est parfaitement exact que les homélies du *Temps* ne parviennent pas plus aux oreilles de nos Cévenols que les cris de guerre du *Soleil*. Mais puisque M. de Quirielle nous dit ce que ces braves gens ne lisent pas, pourquoi ne pas nous dire ce qu'ils lisent ? Il n'ignore pas, puisqu'il connaît cette région, que les *Croix*, la *Croix* de Paris et les *Croix* locales, avec leur inévitable supplément le *Pèlerin*, y arrivent par énormes ballots.

Mais ce n'est pas tout. La *Croix*, qui n'est certes pas intellectuelle, l'est encore trop pour certains de nos paysans. Il y en a qui savent lire, mais pas assez pour retrouver la suite d'un article à la colonne suivante. Pour ceux-là on a créé « les Tracts », feuilles volantes, plus brèves que les journaux, en très gros caractères et d'ordinaire avec une caricature bien simple, bien grossière.

Voici quelques titres :

Catholiques, défendez-vous !

Aux voleurs ! Aux voleurs ! Défendons nos Eglises.

La France de demain. La sauvagerie qui approche.

Le dernier concile de la Libre-Pensée.

Les faux prophètes du socialisme, Traîtres et Lâches !

Déroulède et l'amnistie du 31 octobre.

Pays de Liberté et gouvernement de tyrannie !

Les Associations cultuelles ? Peut-on les accepter (1) ?

(1) Tous les tracts que je mentionne sont antérieurs aux troubles de février. Ils m'ont été remis le 29 janvier par un religieux fort connu, qui est une des chevilles ouvrières de cette propagande. On devine ma stupéfaction, lorsqu'il me dit du ton le plus convaincu :

« Nous ne faisons pas de politique ! »

Il était parfaitement sincère, mais victime d'une perversion des idées, plus fréquente qu'on ne croit. Il y a une feuille catholique qui a nettement blâmé la résistance à la loi, c'est *Demain* ; or parmi toutes les lettres que le Directeur a reçues à cette occasion, en voici une (nº du 2 mars 1906) où on verra un vicaire protester très fort que les désordres n'ont point une raison politique, et les défendre, trois li-

Quant au style des tracts, voici quelques phrases qui en donneront une idée :

« **En France en ce moment opère une**

gnés plus loin, comme fructueux au point de vue électoral !

« La Châtaigneraie (Vendée), 12 février 1906.

« Monsieur le Directeur,

« Permettez-moi de venir protester contre ce que je lis en deux ou trois endroits du dernier numéro de *Demain* au sujet de la résistance aux inventaires.

« Plusieurs de vos correspondants et votre Bulletin politique désapprouvent fortement la conduite des catholiques qui s'opposent aux inventaires, prétendant qu'ils en font une question politique et non une question religieuse. Je crois qu'une telle appréciation, si elle est juste pour quelques cas peu nombreux, ne l'est point du tout pour la généralité. Certains groupes parisiens ont pu faire de la résistance une question purement politique, et ont fait preuve d'une indiscipline regrettable envers l'autorité ecclésiastique : c'est incontestable. Mais, en général, les catholiques français, surtout dans les campagnes, ne font de la résistance que parce qu'on touche à leurs églises et qu'on blesse ainsi leurs sentiments religieux. Dans notre Vendée, c'est la seule et unique raison qui pousse nos gens à résister à la loi.

« Du reste, remarquez-le bien, notre résistance par ici est très ferme, mais très noble. On évite généralement toutes vociférations, injures ou voies de

bande de voleurs, une bande organisée, une bande politique qui s'appelle LE BLOC. . . . .

« Croyez-vous aux prophéties ?

« Ah ! sans doute vous croyez à l'annonce du **Grand Coup** dans lequel Dieu doit nous sauver par miracle, sans aucun effort de notre part.

« Cette prophétie est une invention du diable faite pour nous empêcher de sortir de notre sommeil et de nous mettre à l'œuvre.

« Je vais vous citer, pour finir, une prophétie vraie, authentique. Le livre qui la contient a été imprimé

---

fait. Mais on oblige les agents du Bloc à crocheter les églises, à défoncer les portes. Et ce mode de résistance n'est certes point de la comédie. Vous ne sauriez croire combien la vue de cet acte odieux fait du bien à nos populations au point de vue religieux et au **point de vue électoral** aussi. Témoin cette réflexion d'un campagnard, au retour d'un crochetage de cette sorte : « Ah ! Monsieur, j'avais toujours voté « pour ces gens-là ; je m'en voudrai toute ma vie. Je « ne croyais pas qu'ils auraient touché à la religion.»

« Vous le voyez, Monsieur, il est une résistance qui est ferme, digne et **fructueuse**, parce qu'elle est religieuse.

« A celle-là, nous devons tous applaudir.

« Veuillez agréer, Monsieur, etc.

« E. Draillard,

« Vicaire. »

en 1877, c'est-à-dire 25 ans avant les événements. Le prophète est un homme connu, mort il y a quelques années, M. Bandon, le sympathique président des Confréries de Saint-Vincent de Paul.

« Voici sa prophétie. Elle annonce les désastres qui attendent les catholiques, s'ils ne s'occupent pas de soutenir et de répandre la bonne presse. »

Et le tract se termine par le cri :

« Catholiques, aux armes ! et travaillons partout à organiser la presse ! »

En tête des *Tracts* on lit :

« **Prenez et lisez,**
Vous connaîtrez la Vérité
et la Vérité vous délivrera.
Prenez et Partout répandez :
A son heure
germera la semence (1) ».

(1) Pour tout ce qui concerne la Direction ou l'administration s'adresser à M. Lahyre, 27, rue Notre-Dame-des-Champs, Paris, VIe ; le cent 1,25 franco.

Cette littérature pullule, et chaque groupe clérical tient à honneur d'en faire imprimer quelques-uns qui tendent toujours à renchérir sur les précédents. A la fin de 1905, l'auteur-éditeur Octave Chambon, 6, rue du Collège, à Auxerre, en avait imprimé une

La semence a germé, et il ne faut pas en vouloir à ces pauvres paysans, instruments

série de 69 (le catalogue, envoyé gratis, donne une idée de la collection).

Voici au reste comment les propagateurs annoncent eux-mêmes leur œuvre :

Le *Tract populaire illustré* a été fondé par l'Association franciscaine, il existe depuis le printemps 1905 et déjà il a conquis une place importante dans la presse. Son succès montre qu'il répond à un besoin urgent.

Le *Tract populaire illustré*, en effet, **est le complément nécessaire du journal.** *Le Journal*, par sa nature, est *un mélange souvent indigeste de faits*, de doctrines, d'appréciations politiques, d'annonces, de réclames. Les questions les plus graves, il les traite par morceaux et, au bout de 15 jours, ses lecteurs n'ont plus dans l'esprit qu'un amas d'idées confuses, dont ils ne peuvent rien tirer d'utile pour leur instruction.

Le *Tract populaire illustré* remédie à cet inconvénient. Il se borne à une seule question, **la grande question du jour,** il la résume, l'étudie, et, sous une forme claire, alerte, rapide, il la discute, dans ses conséquences sociales, politiques, religieuses et morales.

Ses **illustrations** donnent par l'image un résumé de la même question ; et elles achèvent de graver ainsi dans l'imagination, d'une manière indélébile, la leçon des événements et des choses.

Le *Tract populaire illustré est donc un instrument d'une puissance merveilleuse pour créer dans les esprits un courant d'opinion* sur chaque question débattue devant le pays. En contribuant ainsi à changer l'opinion, il prépare le changement des mauvaises lois.

Ce tract est utile :

1° Aux amis de la religion auxquels il suggère la réponse aux objections.

2° Aux adversaires de la religion dont il dissipe les préjugés.

Il y a trois manières de le répandre :

1° On le donne *de la main à la main* aux personnes que l'on veut éclairer.

2° On le leur envoie *par la poste* sous bande affranchie d'un centime.

3° On le distribue, par le *porteur de journaux* ou toute personne

inconscients des féroces passions politiques des meneurs parisiens. Ils ne sont responsables de cette vilaine agitation à aucun degré, un certain nombre de leurs curés en sont aussi les victimes plus que les collaborateurs zélés ; mais, cela constaté, il faut bien ajouter que cette rébellion a été préparée de longue date par des organes qui prétendent parler au nom de Dieu et de l'Eglise.

Pie X en consacrant quatorze évêques français, à Saint-Pierre, a écrit, nous dit-on, une des pages les plus décisives de l'histoire. Il y en aurait une autre plus difficile et plus glorieuse aussi, ce serait une bulle mettant la haine au rang des hérésies et séparant l'Eglise de la nuée de publications qui a eu l'audace de s'intituler la *Bonne Presse*.

de bonne volonté, à la porte des usines, des ateliers, des églises et dans les endroits fréquentés.

Une seule personne de zèle et d'initiative suffit pour entreprendre cette diffusion.

Cependant on peut se grouper en *comité de propagande* dans lequel les personnes riches paient de leur bourse et les personnes actives paient de leur personne.

Ce tract paraît au moins deux fois par mois.

TABLE DES MATIÈRES

I. Origine de la crise

II. Situation actuelle de l'Église romaine en France

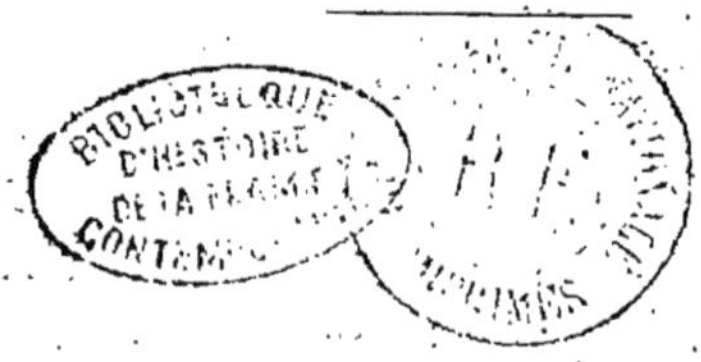

DIJON, IMPRIMERIE DARANTIERE

OUVRAGES DU MÊME AUTEUR

LIBRAIRIE FISCHBACHER

33, RUE DE SEINE, PARIS

Vie de S. François d'Assise, par Paul Sabatier, 33e édition, in-8° de CXXVI et 420 pages. 7 50

Floretum S. Francisci Assisiensis, liber aureus qui Italice dicitur i Fioretti di san Francesco, edidit Paul Sabatier, in-8° de XVI et 250 pages, 2e édition. . 3 50

Un nouveau chapitre de la vie de S. François (L'INDULGENCE DE LA PORTIONCULE). Brochure in-8° de 24 pages. . Epuisé

Dissertazione su Rivo Torto e sull' ospedale dei lebbrosi di Assisi spesse volte ricordato nella vita di S. Francesco. Brochure in-4° de 24 pages. . . . Epuisé

★

COLLECTION

d'études et de documents sur l'histoire religieuse et littéraire du Moyen âge

Chaque volume se vend séparément. Les personnes qui désirent les recevoir au fur et à mesure peuvent s'inscrire à la Librairie Fischbacher qui les leur expédiera directement sans augmentation de prix.

EN VENTE

TOME I : **Speculum perfectionis seu sancti Francisci Assisiensis legenda antiquissima, auctore fratre Leone.** Nunc primum edidit Paul Sabatier. In-8° de CCXIV et 376 pages . . . . 12 »

TOME II : **Fratris Francisci Bartholi de Assisio tractatus de indulgentia S. Mariæ de Portiuncula.** Nunc primum integre edidit Paul Sabatier, in-8° de CLXXIV, x et 204 pages . . . . 12 »

TOME III : **Frère Elie de Cortone.** Etude biographique par le Dr Ed. Lempp, in-8° et 220 pages 7 50

TOME IV : **Actus S. Francisci et sociorum ejus** edidit Paul Sabatier, in-8° de LXIV et 272 pages . . . . . . 10 »

TOME V : **S. Antonii de Padua vitæ duæ quarum altera hucusque inedita.** Edidit, notis et commentario illustravit Léon de Kerval, in-8° de XIV et 314 pages . . . . 10 »

DIJON, IMPRIMERIE DARANTIERE.

www.ingramcontent.com/pod-product-compliance
Ingram Content Group UK Ltd.
Pitfield, Milton Keynes, MK11 3LW, UK
UKHW020544180726
13838UKWH00001B/17

9 782019 955977